Im Reich des Wassermanns

Ingrid Annel

Im Reich des Wassermanns

Sagen und Märchen aus dem Spreewald

Illustriert von Katrin Kadelke

Der Riese Sprejnik und die Ochsen des Teufels

Am Fuße der Lausitzer Berge, viele Meilen vom Spreewald entfernt, lebte einst der Riese Sprejnik. Er war unglaublich groß und unheimlich stark. Mühelos riss er Bäume mitsamt ihren Wurzeln aus dem Erdreich. Mächtige Felsbrocken warf er in den Himmel hinauf, als wären sie federleichte Bälle. Er fürchtete sich vor nichts und niemandem.

Die Menschen mussten sich aber auch nicht vor ihm fürchten. Sie wussten: Sprejnik war ein guter, freundlicher Riese und jederzeit bereit, sie vor Feinden zu beschützen – und das nur mit der Kraft seiner Hände. Eine Waffe besaß er nicht, kein Schwert, keine Lanze, keine Armbrust.

Sprejnik konnte allerdings nicht überall im Land gleichzeitig aufpassen und nach möglichen Feinden Ausschau halten. Deshalb versammelten sich eines Tages die Menschen vor seiner Wohnhöhle und sprachen zu ihm: »Lieber Riese Sprejnik, wir sind froh und dankbar, dass du deine schützende Hand über uns hältst. In deiner Obhut fühlen wir uns sicher und geborgen. Aber wir sind viele. Wir leben weit verstreut. Du kannst deine Augen nicht überall haben, um über uns zu wachen. Und ab und zu muss wohl auch ein Riese schlafen. Was, wenn uns genau in diesen Stunden feindliche Heere bestürmen? Wer beschützt uns dann? Wir würden uns sicherer fühlen, wenn wir uns jederzeit in fest gemauerte Burgen zurückziehen könnten. Deshalb bitten wir dich: Hilf uns, solche Burgen zu bauen. Für dich ist es doch ein Kinderspiel, schwere Steine durch die Gegend zu wuchten und zu hohen Mauern aufzuschichten. Es wäre außerdem gut, wenn du dir Pfeil und Bogen schnitzt. Damit könntest du anrückende Feinde schon in weiter Ferne stoppen und in die Flucht schlagen.«

Der Riese machte sich sogleich an die Arbeit, gemeinsam mit den Menschen. Er schleppte unzählige Steine herbei, aus denen mächtige Burgen gebaut wurden. Als das erledigt war, schnitzte er sich einen Bogen und drei passende Pfeile.

Ob die wohl etwas taugten? Ob sie ihr Ziel treffen würden? Sprejnik wollte es ausprobieren. Er spannte seinen Bogen und schoss den ersten Pfeil gen Süden. Sogleich schickte er den zweiten und den dritten Pfeil hinterher. Sie sausten und sirrten durch die Lüfte und waren Augenblicke später weit hinterm Horizont verschwunden.

»Nun sind sie weg«, sprach der Riese zu den Menschen, die zugeschaut hatten. »Ich müsste mir neue Pfeile schnitzen. Oder ich müsste losziehen und meine drei Pfeile wieder einsammeln. Für beides bin ich viel zu müde, nach all den Strapazen der vergangenen Tage.«

»Leg dich schlafen, Riese Sprejnik«, rief ihm ein junger Mann zu. »Wir werden die Pfeile zurückholen.« Und so zog eine Gruppe von Leuten los, südwärts, dem Flug der Pfeile folgend.

Lange waren sie unterwegs. Sie suchten auf Bergen und in Tälern. Sie durchstreiften Wiesen und Wälder. Endlich fanden sie die Geschosse des Riesen im Lausitzer Bergland. Dort hatten sich die Pfeile tief ins Erdreich gebohrt. Doch so sehr die Menschen auch daran zogen – die Pfeile saßen viel zu fest. »Wenn wir jetzt den Riesen hier hätten«, stöhnten sie. »Der hätte sie im Handumdrehen heraus.«

Weil sie aber mit ihren eigenen Kräften auskommen mussten, besorgten sie sich Hacken und Schaufeln, mit denen sie die Erde rings um die Pfeile lockerten und beiseite schippten. Als es ihnen endlich gelang, die Pfeile herauszuziehen, sprudelte aus dem Inneren des Berges frisches, klares Wasser hervor – an allen drei Stellen, an denen die Pfeile gelandet waren.

Das Wasser aus diesen drei neuen Quellen sprang über Stock und Stein, über Felskanten und die Wurzeln uralter Bäume. Immer weiter hinab ins Tal, wo sich die drei Bäche zu einem Fluss vereinigten. Der strömte nun durchs Land, zur Freude der Menschen. Zu Ehren des Riesen Sprejnik nannten sie den Fluss »Spree«.

Weiter und immer weiter nordwärts suchte sich die Spree ihren Lauf durch die Landschaft. Mal verzweigte sie sich, später vereinigten sich die Flussarme wieder zu einem großen Strom, der hier und da auch das Wasser kleiner

Nebenflüsse aufnahm und mit sich führte. Schließlich hatte die Spree flacheres Land erreicht. Das Wasser strömte gemächlicher dahin und verzweigte sich in einzelne Fließe.

Eines Tages beschloss der Teufel, das Flussbett der Spree zu pflügen. Weiß der Teufel allein, warum er das tat und was er damit bezweckte. Vielleicht störte ihn das ruhige, gleichmäßige Strömen des Wassers, das friedliche Plätschern der Wellen. Vielleicht wollte er das Wasser zwingen, mit ungezügelter Kraft durchs Land zu rauschen, in einem einzigen, gewaltigen Fluss. Hoffte er auf alljährliches Hochwasser, in dem ganze Dörfer mit Mann und Maus versinken würden? Wollte er den Menschen beweisen, dass er mächtiger war als sie und ihr Riese Sprejnik? Wir werden es wohl nie erfahren.

Der Teufel spannte zwei schwarze Ochsen vor den Pflug und begann mit der Arbeit. Stunde um Stunde schnauften und schwitzten die Tiere, während sie den Pflug durch die schwere, morastige Erde zogen. Allmählich wurden sie müde und schleppten sich nur noch mit Mühe voran.

Dem Teufel ging das alles nicht schnell genug. Er verlor die Geduld, wurde fuchsteufelswild, schimpfte und fluchte und trieb die Tiere mit der Peitsche an. Als auch das nichts half, riss er sich die Mütze vom Kopf und warf sie wutentbrannt nach ihnen.

Die Mütze verfing sich an den Hörnern des einen Ochsen. Der bekam einen gewaltigen Schreck. Er konnte nichts mehr sehen, so unglücklich hing ihm die Mütze vor den Augen. Der Ochse brüllte vor Zorn, schwang seinen Kopf hin und her und versuchte, die Mütze abzuschütteln. Weil ihm das aber nicht gelang, preschte er blind und vor Wut schnaubend und wie von tausend Mücken gestochen durch die Gegend.

Das wiederum erschreckte den zweiten Ochsen, der gar nicht anders konnte, als nun ebenfalls durch die Landschaft zu rasen, den Pflug und den Teufel mit sich ziehend. In der Nähe von Peitz hatten die Ochsen ein solches Tempo erreicht, dass der Teufel in einer Kurve in die Luft geschleudert wurde und in hohem Bogen in den Teufelsteich stürzte. Er versank darin und gelangte auf kürzestem Weg zurück in die Hölle.

Die beiden Ochsen rannten weiter und weiter, kreuz und quer durch die Wälder, über Wiesen und Felder, mal hierhin, mal dorthin, nach links, nach rechts, geradeaus, im Zickzack. Bis sie in der Nähe des Dorfes Burg spurlos verschwanden.

Mit ihrem ungestümen Lauf hatten die Ochsen unzählig viele Gräben ins Erdreich gerissen, die füllten sich alsbald mit dem Wasser der Spree. So entstand das Labyrinth aus Hunderten Fließen und Kanälen, die noch heute den Spreewald durchziehen und ihn zu einer einzigartig schönen Landschaft werden ließen.

Wie die Lutki einst im Spreewald lebten

In alten Zeiten, lange bevor die Menschen in den Spreewald kamen und sesshaft wurden, lebte hier das Volk der Lutki. Manche nannten sie auch Ludki, Lutken, Lutjen, Lutchen oder Lüttchen. Sie waren klein, manche nicht größer als eine Kleiderbürste, andere so groß wie Kinder im Alter von einem Jahr.

Am liebsten trugen sie rote Jacken und weiße Hosen, dazu eine rote Mütze. Oder sie waren in blaue Kittel und blaue Hosen gekleidet. Zur Arbeit zogen sie sich graue Kittel über. Auch grüne oder schwarze Zipfelmützen waren beliebt. Noch mehr aber liebten die Lutki ihre Nebelkappen. Wenn sie die trugen, waren sie unsichtbar.

Ihren Wohnsitz hatten sie in kleinen Höhlen unter der Erde oder unter den Wurzeln großer Eichen. In Berge und Hügel hatten sie Gänge gegraben, deren Eingang oft nur so groß war wie ein Mauseloch. Aber niemand hat jemals gesehen, wie die kleinen Wesen in ihre Höhlen hineingeschlüpft oder wie sie herausgekommen sind. Wahrscheinlich hatten sie da gerade ihre Nebelkappen auf.

Die Lutki führten ein einfaches, bescheidenes Leben. Sie ernährten sich von dem, was sie in ihrer Umgebung fanden, von Kräutern, Beeren, Pilzen, Wurzeln und von wildem Obst.

Als sich die Menschen im Spreewald ansiedelten, fürchteten sich die Lutki vor diesen großen Gestalten und blieben scheu in ihren Erdhöhlen. Erst in der Dämmerung trauten sie sich heraus. Doch nach einiger Zeit gewöhnten sich die Winzlinge an ihre neuen Nachbarn und waren freundlich zu ihnen – wenn diese auch freundlich zu ihnen waren. Sie konnten es aber überhaupt nicht leiden, wenn jemand über sie spottete. In solchen Fällen bekamen die Menschen die geheime Macht der Lutki zu spüren.

So musste eine Frau immer lachen, wenn von den Lüttchen die Rede war. Sie sagte: »Ihr könnt mir ja viel erzählen! Seid ihr ihnen jemals begegnet? Ich nicht. Erst wenn ich sie mit eigenen Augen gesehen habe, glaube ich, dass es sie gibt. Das sieht bestimmt sehr komisch aus, so kleine Wesen vor sich stehen zu haben und von oben auf sie zu schauen.« Doch bald verging ihr das Lachen. Sie bekam eine Tochter, die nicht so recht wachsen wollte und am Ende so klein blieb wie die Lutki.

Nach und nach schlossen die Lutki Bekanntschaft mit einigen Familien und besuchten sie regelmäßig. Eines aber war ihnen verhasst: wenn nämlich die Häuser der Menschen von Hunden bewacht wurden. Das laute Gebell war den kleinen Ohren der Winzlinge unerträglich. In Boblitz beispielsweise kamen sie nur zu Hanuschka, der keinen Hund hatte, und zu niemandem sonst.

Bei solchen Besuchen entdeckten die Lutki Dinge, die sie noch nicht kannten. Nun wollten sie auch so gute Sachen essen wie die Menschen, Brot und Butter waren besonders begehrt bei den Lutki. Aber sie besaßen weder Backtröge noch Butterfässer. Die mussten sie sich bei den Menschen ausborgen.

Allerdings gab es da ein Problem: Die Lutki sprachen in einer sehr eigentümlichen Sprache. Sie sagten die Sätze rückwärts oder brachten die Wörter in eine falsche Reihenfolge. Oder sie sprachen das erste Wort richtig, das zweite falsch, eins vorwärts, eins rückwärts. Am seltsamsten aber war, dass sie manche Wörter erst im wirklichen Sinn verwendeten und gleich anschließend verneinten. Sie sagten: Leute-Nichtleute, Backfass-Nichtbackfass, Brötchen-Keinbrötchen.

Wollten sie sich bei einer Bauersfrau den Brotschieber ausleihen, sagten sie: »Wir brauchen deinen Brotschieber-Nichtbrotschieber, wir wollen Brot-Nichtbrot backen.« Oder sie sagten: »Bitte leih uns keinen Backtrog, wir wollen heute nicht backen.« Oder: »Wir wollen nicht dein Nichtbutterfass haben. Dafür bekommst du auch keine Nichtbuttermilch von uns.«

Die Menschen lernten bald, dieses seltsame Kauderwelsch zu verstehen, und borgten dem kleinen Völkchen gern etwas aus.

Wenn die Lutki ein Fass holten, das sie nicht tragen konnten, setzten sie sich alle gemeinsam hinein und rollten davon. Und wenn sie fertig waren mit dem Backen, brachten sie Backtrog und Brotschieber zurück, dazu als Dank eins von ihren kleinen Broten-Nichtbroten.

Die hatten aber keine richtige Form, waren flach wie ein Fladen und schmeckten auch nicht besonders. Sie waren grob, grau und voller Sand. Das kam daher, dass die Lutki ihr Getreide nicht zur Mühle brachten, um es dort mahlen zu lassen. Stattdessen schlugen sie die Getreidekörner mit Steinen zu grobem Mehl. Den Teig, den sie daraus kneteten, legten sie zwischen zwei flache Steine, die vergruben sie in der Erde. Sie glaubten, es würde reichen, den Teig fest zusammenzupressen, um ihn zu backen. Die so entstandenen Brötchen-Nichtbrötchen konnte man eigentlich nur wegwerfen oder an die Schweine verfüttern. Dennoch beschwerten sich die Menschen nicht über die Dankesgaben, sie wollten die kleinen Wesen nicht verärgern.

Auf Dauer waren aber die Lutki selbst unzufrieden mit ihren Backkünsten. Sie schauten sich bei den Menschen ab, wie man gutes Brot bäckt. Und bald konnten sie mindestens genauso gut backen wie die Menschen: Brote, Brötchen, sogar Kuchen. Wenn sie ihren unterirdischen Backofen angeheizt und das Backwerk hineingeschoben hatten, zog der Duft über die nahen Felder und Wiesen.

Einmal pflügte ein Bauer gerade sein Feld, als ihm der Duft von frisch gebackenem Kuchen in die Nase stieg. Er konnte jedoch nicht entdecken, woher

der Duft kam. Da er aber Hunger und noch mehr Appetit hatte, rief er über das Feld hinweg: »Ach, wenn ich doch ein Stück Kuchen haben könnte!«

Im nächsten Augenblick standen fünf Lutki vor ihm und sagten nacheinander: »Pflüge hier bitte nicht so tief.« »Sonst reißt dein Pflug unseren Backofen-Nichtbackofen um.« »Wir backen gerade.« »Es wäre schade um den guten Kuchen-Nichtkuchen.« »Wir wollen es dir auch danken.« Und schon waren sie wieder verschwunden.

Der Bauer rieb sich verwundert die Augen, sog noch einmal den köstlichen Duft ein, dann pflügte er weiter. Er passte nun genau auf, den Acker an besagter Stelle in Ruhe zu lassen. Als er fertig war und sich nach Hause begeben wollte, stand an der Stelle, die er nicht gepflügt hatte, ein kleiner Tisch. Darauf lag ein kreisrunder Kuchen mit knusprig braunem Rand. Die fünf Lutki standen daneben und sprachen: »Das ist unser Dank-Nichtdank.« »Der Kuchen-Nichtkuchen ist für dich.« »Du darfst ihn essen.« »Aber du sollst ihn nicht anschneiden.« »Und durchbrechen darfst du ihn auch nicht.«

Der Bauer überlegte. Wie sollte das gehen? Doch schon nach kurzer Zeit huschte ein verschmitztes Lächeln über sein Gesicht. Er nahm sein Messer und schnitt den Kuchen in der Mitte heraus, ließ aber den Rand ganz. »Nicht angeschnitten, nicht durchgebrochen!«, sagte er und biss in das Kuchenstück hinein. »Meinen Dank gegen euren Dank!«, rief er den fünf Lutki hinterher, als sie sich mit dem Tisch samt Kuchenrand vom Acker machten.

So lebten die Lutki und die Menschen lange Zeit friedlich miteinander im Spreewald. Doch es war nicht nur das Gebell der Hunde, das die Ohren der kleinen Wesen quälte. Viel schlimmer war für sie der laute, metallische Klang der Kirchenglocken. Als überall Kirchen gebaut und Glocken aufgehängt wurden, verließ das kleine Volk der Lutki den Spreewald für immer. Nur einige von ihnen, so wird erzählt, wollten sich nicht von dieser schönen Gegend trennen. Sie sind geblieben, haben sich aber tiefer hinab ins Erdinnere verkrochen.

Wenn also irgendwo der Duft von frischem Kuchen durch den Spreewald weht, könnte es sein, dass die Lutki in ihren Erdhöhlen gerade einen Kuchen-Nichtkuchen aus ihrem Backofen-Nichtbackofen gezogen haben.

Dreizehn Lutki im Walde

In einem Dorf bei Vetschau lebte eine arme Witwe, die hatte eine Tochter und einen Sohn, Janka und Janko. Eines Tages gingen die Kinder in den Wald, um Beeren zu sammeln. Dabei achteten sie nicht auf den Weg, und so gerieten sie tiefer und tiefer in den Wald hinein. Als es Abend wurde, konnten sie nicht mehr nach Hause finden.

Ratlos und verzweifelt setzten sie sich unter einen hohen Baum. Janka fasste nach der Hand ihres Bruders und schaute zum Himmel hinauf, an dem die ersten Sterne funkelten. Das Licht der Sterne brachte sie auf eine Idee. Sie sagte: »Janko, du kannst doch so gut auf Bäume klettern. Mir scheint, dies hier ist der höchste Baum in der Umgebung. Steig einmal hinauf und schau dich um. Vielleicht entdeckst du irgendwo ein Licht.«

Janko zögerte nicht. Er sprang auf, griff nach dem untersten Ast, zog sich daran hoch und stieg von dort immer höher hinauf, bis er über die Wipfel der anderen Bäume hinweg in die Ferne schauen konnte. »Ich sehe ein Licht«, rief er, »aber es ist viel zu weit weg. Komm du auch auf den Baum. Wir wollen hier oben übernachten. Hier können uns die wilden Tiere nichts anhaben. Und morgen gehen wir dorthin, wo jetzt das Licht scheint. Da wohnen gewiss Menschen, die uns helfen können.«

Am nächsten Morgen, mit nichts als ein paar Beeren zum Frühstück, wanderten die beiden los. Dorthin, wo am Abend das Licht so einladend geschimmert hatte. Sie kamen an ein Häuschen, klopften an und warteten. Aber niemand öffnete ihnen. Sie klopften lauter. Nichts regte sich drinnen. Da drückten sie vorsichtig die Türklinke herunter, die Tür sprang auf und die beiden traten ein.

Sie fanden eine kleine Küche, im Herd flackerte der letzte Rest eines Feuers. In der Stube stand ein Tisch mit dreizehn Tellerchen und dreizehn winzigen Bechern darauf. In der Schlafkammer reihten sich dreizehn Betten aneinander, zwölf davon kleiner als Kinderbetten. Nur das dreizehnte war ein Stück größer. Alles sah so hübsch und einladend aus.

Nachdem sie sich gründlich umgeschaut hatten, sagte Janka zu Janko: »Geh du hinaus in den Hof und hacke ein paar Scheite Holz, ehe das Feuer ganz verlischt. Ich werde unterdessen die Betten aufschütteln, die Stube kehren und Mittagessen kochen.«

Während die beiden emsig beschäftigt waren, hörten sie gegen Mittag Stimmen. Viele Stimmen, die näher und näher kamen. Ängstlich versteckten sich die Geschwister hinter dem Küchenschrank. Da flog auch schon die Tür auf, herein kamen dreizehn Lutki. Zwölf waren zwergenklein, nur der dreizehnte war ein Stück größer. Der schaute sich um und fragte verwundert: »Wer hat unsere Stube gefegt, das Feuer geschürt, das Mittagessen gekocht?« Die Lutki durchsuchten ihr Häuschen und fanden bald die Kinder hinter dem Schrank.

Der größte Lutk, der der Anführer war, sprach zu Janka und Janko: »Fürchtet euch nicht. Kommt nur hervor und sagt, was euch hierher verschlagen hat.« Nachdem die Kinder erzählten, wie sie sich verlaufen und in der finsteren Nacht gefürchtet hatten, wurden sie von den Lutki bestürmt: »Bleibt bei uns. Ihr sollt es gut bei uns haben, wenn ihr euch um den Haushalt und das Feuer kümmert.«

Janka und Janko waren einverstanden. Jeden Morgen verließen die Lutki das Haus und gruben in einem Berg nach Schätzen. Jeden Abend kamen sie zurück und freuten sich über ihr sauberes Häuschen und den reich gedeckten Tisch.

Die Zeit verging. Die beiden Geschwister dachten oft an ihre arme Mutter, die sich bestimmt große Sorgen um sie machte. Aber sie wussten den Weg zurück noch immer nicht, und die Lutki schüttelten nur stumm den Kopf, wenn Janka und Janko danach fragten. Also blieben sie bei den kleinen Wesen und hatten es dort gut.

Eines Tages hielt eine Kutsche vor dem Häuschen, ein vornehmer Herr stieg aus. Als er Janka sah, sprach er zu ihr: »Was hat solch ein hübsches Mädchen in so einer winzigen Hütte mitten in der Waldeinsamkeit verloren? Willst du dein wahres Glück finden, dann komm mit mir in die Stadt.«

»Danke, nein, ich komme nicht mit«, entgegnete Janka. »Ich bin hier glücklich, bin in guter Gesellschaft und kann mir keinen schöneren Ort vorstellen.«

Da wurde der Fremde zornig. Er zog eine Haarnadel aus seiner Jackentasche und stieß sie Janka so fest in die Haare, dass sich die Spitze der Nadel in ihren Kopf bohrte. Das Mädchen fiel tot um, der vornehme Fremde sprang in seine Kutsche und jagte davon.

Als die Lutki nach Hause kamen, fanden sie Janko tief über seine Schwester gebeugt und in Tränen aufgelöst. Zwar kannten sich die Zwerge mit den Kräutern des Waldes aus, sie wussten, welche Pflanze gegen welche Krankheit hilft, aber hier wussten sie keinen Rat. Was sie auch versuchten, das Mädchen regte sich nicht, bewegte sich nicht, lag tot auf dem Boden.

In großer Trauer wollten die Lutki das Mädchen begraben und zimmerten ihr einen Sarg. Nachdem sie Janka hineingelegt hatten, bürsteten sie ihr die Kleider sauber, dann zupften sie ihren Rock und die Schürze in gleichmäßige Falten. Schließlich polierten sie die Knöpfe an ihrer Jacke, bis sie fast so glänzten wie Jankas goldenes Haar. Das kämmte zu guter Letzt der größte Lutk. Voller Ehrfurcht und Bewunderung zog er den Kamm ganz behutsam durch die langen Strähnen. Dabei stieß er an die Haarnadel, dass diese heraussprang.

Sogleich schlug Janka die Augen auf. Verwundert schaute sie sich um und fragte, warum denn alle Lutki ein kleines Näpfchen in der Hand hielten und es mit Tränen vollweinten. Da erklärten Janko und die Lutki ihr gemeinsam, was geschehen war. Am Ende ermahnte der größte Lutk die Geschwister: »Mag in Zukunft kommen, wer da will – ihr dürft niemandem die Tür öffnen, ihr dürft niemanden hereinlassen! Das müsst ihr uns versprechen. Wir wollen nicht noch einmal unsere Tränennäpfchen vollweinen.«

Einige Zeit später klopfte es wieder an der Tür. Janka und Janko erinnerten sich an ihr Versprechen, die Tür nicht zu öffnen. »Aber am Fenster können wir wohl einmal schauen, wer geklopft hat«, meine Janka. Schon öffnete sie eins der kleinen Fenster und erspähte draußen eine alte Frau mit einem Henkelkorb am Arm.

»Mach auf, liebes Kind«, sagte die Alte. »Ich habe köstliche Äpfel zu verkaufen.«

»Wir öffnen nicht, wir brauchen nichts, wir kaufen nichts«, rief Janko, der zu einem anderen Fenster herausschaute.

Die Alte jedoch ging nicht fort. Sie warf Janko einen grimmigen Blick zu, dann wandte sie sich an seine Schwester und sprach mit lieblicher Stimme: »Nun, wenn ihr nichts kaufen wollt, so will ich dir wenigstens einen Apfel schenken.«

Sie hielt Janka einen rotbackigen Apfel entgegen und forderte sie auf: »Hier, beiß einmal ab.«

Kaum hatte Janka abgebissen, fiel sie wie tot zu Boden. Während die Alte schleunigst das Weite suchte, beugte sich Janko über seine Schwester, rüttelte sie, schüttelte sie, doch das Mädchen lag bleich am Boden. Wieder beugte sich Janko weinend über sie und jammerte: »Ach, wenn doch die Lutki hier wären! Sie wüssten bestimmt einen Rat.«

Es dauerte gar nicht lange, da kamen die Lutki von ihrer Arbeit nach Hause. Als Janko von dem Apfel erzählte, öffnete der größte Lutk Janka vorsichtig den Mund, ergriff das Apfelstück und zog es heraus. Da schlug Janka die Augen auf und war abermals gerettet.

Nun hielten die Lutki gemeinsam Rat. Sie wollten die beiden Geschwister keiner weiteren Gefahr aussetzen. Also beschlossen sie, dass immer einer von ihnen zu Hause bleiben sollte, während die anderen zur Arbeit in den Berg zogen.

Und so geschah es. Die Lutki und die Geschwister lebten gut und glücklich miteinander, die Jahre gingen ins Land.

Eines Tages fragte der große Lutk Janka, ob sie ihn zum Mann nehmen wolle. Janka war einverstanden. Janko hatte nichts dagegen einzuwenden, schlug aber vor: »Unser Mütterlein soll mit uns Hochzeit feiern. Wenn wir nur wüssten, wie wir den Weg zu ihr finden.«

Da endlich begleiteten die Lutki die beiden Geschwister bis an den Waldrand und sprachen: »Dort und dort entlang müsst ihr gehen. Holt eure Mutter, wir wollen hier auf euch warten.«

Als Janka und Janko nach so langer Zeit vor ihrer Mutter standen, konnte die ihr Glück kaum fassen. Sie hatte geglaubt, die beiden wären längst tot. Aber nun war ihre Freude groß. Und sie wurde noch größer, als sie hörte, dass ihre Tochter einen reichen Lutk heiraten wolle. Denn reich waren sie, die dreizehn Lutki, auch wenn sie in einem kleinen Häuschen wohnten.

Gemeinsam mit ihrer Mutter gingen Janka und Janko bis zum Waldrand, wo die Lutki sie in Empfang nahmen und zu ihrem Häuschen begleiteten. Am dritten Tag wurde die Hochzeit in aller Pracht gefeiert, mit einem guten Essen, mit Musik und Tanz. Und die Vögel des Waldes sangen dazu ihre schönsten Lieder.

Der Schatz des Wendenkönigs

Kein Mensch kennt seinen Namen, niemand weiß, wann er gelebt hat: der legendäre Wendenkönig. War er ein Wunderheiler? Ein Kriegsherr, Zauberer, Hexenmeister oder Räuber? War er vielleicht von all dem etwas? Die erstaunlichsten Dinge wurden über diesen geheimnisvollen Mann berichtet, Hunderte Geschichten erzählt. Eine davon beginnt so:

An einem bitterkalten Winterabend saß eine Witwe mit ihren Töchtern in der Stube, als draußen der Hofhund ungewöhnlich laut bellte. Kurz darauf hörten sie, wie jemand durch den Schnee gestapft kam und sich dem Haus näherte. Der Hund jedoch verstummte schlagartig. Augenblicke später klopfte es an der Tür. Ein fremder junger Mann stand davor, zitternd vor Kälte. Die Witwe öffnete und betrachtete den jungen Mann, der im ersten Moment wild und unheimlich aussah mit seinem dicht verschneiten Haar, in dem sich schon Eisklümpchen gebildet hatten. Weil aber seine Augen freundlich blickten und ein unwiderstehlicher Zauber von ihnen auszugehen schien, bat sie ihn herein. Bald schon waren Schnee und Eis aus den Haaren geschmolzen – und mit ihnen die Sorge der Witwe, es könnte sich bei diesem jungen Mann um einen gefährlichen Übeltäter handeln. Freimütig bot sie ihm ein Nachtquartier an.

Am nächsten Morgen stellte die Frau erschrocken fest, dass ihr Hund nicht mehr bellen konnte. Der Fremde untersuchte ihn und versprach, ihn zu heilen. Er blieb für ein paar Tage auf dem Gehöft der Witwe, und schon bald war der Hund wieder gesund. Das sprach sich herum im Dorf, viele Leute kamen und baten, auch ihren kranken Tieren zu helfen. Der Fremde heilte sie alle. Wie er das anstellte, verriet er allerdings niemandem.

Als eines Abends zum Tanz in der Schenke geladen wurde, gesellte sich auch der fremde junge Mann zu den Dorfbewohnern. Weil er so gut tanzen konnte, wollten alle Mädchen nur noch mit ihm tanzen. Doch das gefiel den Burschen des Dorfes überhaupt nicht. Und dass er hartnäckig seinen Namen verschwieg, obwohl sie immer lauter und heftiger auf ihn eindrangen, machte sie furchtbar wütend. Sie wollten den Fremden loswerden und drohten ihm Prügel an. Der aber packte die Burschen beim Kragen, immer einen mit der linken Hand, einen mit der rechten, und warf sie schwungvoll zur Tür hinaus. Auch wenn die Burschen ihm zunächst zürnten, begegneten sie ihm seither mit großem Respekt.

Kurze Zeit später verließ der Fremde das Dorf und blieb etliche Jahre verschwunden. In dieser Zeit wurden im Dorf viele Menschen und Tiere krank. Niemand war da, der ihnen helfen konnte. Wie sehnten sich nun die Leute nach dem Fremden, den sie in immer höheren Tönen lobten. Schließlich sprachen sie mit solcher Hochachtung von ihm, als sei er ein König.

Eines Tages tauchte der junge Mann überraschend wieder im Dorf auf und wurde mit großer Ehrerbietung empfangen. Er hatte nun genug zu tun, nicht nur Tiere, sondern auch Menschen zu heilen. Und weil ihm seine Hilfe gut entlohnt wurde, hatte er bald eine beträchtliche Summe zusammengespart. Er heilte aber nicht nur Krankheiten, sondern war bei den Leuten auch deshalb beliebt, weil er mit seiner Fiedel so mitreißend zum Tanz aufspielen konnte. Und wenn es Streitigkeiten gab, baten die Menschen ihn, er möge den Streit schlichten. Niemandem sonst trauten sie zu, ein gerechtes Urteil zu fällen und ein entscheidendes Machtwort zu sprechen. Allmählich wuchs nicht nur sein Ansehen, es wuchsen auch sein Einfluss, seine Macht und sein Reichtum.

Bald scharte sich um ihn ein Kreis von jungen Burschen und Männern, die ihm treu ergeben waren. Sie betrachteten ihn als ihren Anführer, ihren

König. Ja, es konnte gar nicht anders sein: Auch wenn sie seinen Namen noch immer nicht wussten – er war der wahre Wendenkönig.

Es blieb nicht aus, dass der Wendenkönig und seine Leute in den Kampf gegen feindliche Bedrohungen ziehen mussten. Das kleine Häuflein seiner Anhänger konnte zwar keine großen Kämpfe ausfechten, doch der Wendenkönig besaß zwei zauberkräftige Säcke, die ihm gute Dienste leisteten. Der eine Sack war mit Hafer gefüllt, der andere mit Häcksel. Sobald er den Hafersack schüttelte, fielen Körner heraus, die sich in Reiter verwandelten. Schüttelte er den Sack mit Häcksel, stand sogleich ein ganzes Heer von Fußsoldaten an seiner Seite. Sie alle waren unverwundbar, kein Schwerthieb und kein Geschoss konnten ihnen etwas anhaben.

Dennoch war die Zahl seiner Feinde übermächtig. Um sich vor ihnen in Sicherheit zu bringen, floh der Wendenkönig in die Wildnis des Spreewaldes. Dort ließ er etliche Burgen und Schlösser errichten, in Sielow, bei Reinpusch, Graustein, Babow und in Ogrosen. Die größte Burg sollte auf dem Schlossberg bei Burg stehen.

Dafür hatte er einen Pakt mit dem Teufel geschlossen. Der Höllenfürst sollte ihm in einer einzigen Nacht inmitten von Sümpfen und Morast einen Berg aufschütten und darauf eine gewaltige Burg bauen, so prunkvoll wie ein Schloss. Als das geschafft war, fühlte sich der Wendenkönig sicher. Keiner seiner Feinde schaffte es, zu dieser Burg vorzudringen, durch das Dickicht der Wälder hindurch und über die weit verzweigten Wasserläufe hinweg. Obendrein hatte der Wendenkönig zu einer List gegriffen, um seine Feinde zu verwirren. Er ließ nämlich seinen Pferden die Hufe verkehrtherum aufschlagen – so konnte niemand erkennen, ob er gerade aus der Burg ausgeritten oder dorthin zurückgekehrt war.

Damit er aber die unwegsame Landschaft mit ihren unzähligen Flussarmen und Fließen trockenen Fußes überwinden konnte, trug er immer eine Brücke aus rotem Leder bei sich. Die rollte er vor sich aus und war er darüber hinweg gegangen, geritten oder gefahren, rollte sie sich hinter ihm von allein wieder zusammen. Über diese Brücke konnte er sich sogar in die Lüfte erheben, dann trabte sein Pferd über die Baumwipfel hinweg, als liefe es auf Erden.

Der Wendenkönig lebte lange Zeit in seiner prächtigen Burg, gemeinsam mit seiner Frau und zwei Gefolgsleuten. An Geld und Gold und anderen

Reichtümern mangelte es nicht, aber seine Frau war unglücklich, weil sie keine Kinder hatten. Der Wendenkönig, der seiner Frau eine Freude bereiten wollte, befahl seinen beiden Gefährten, ihm Kinder zu beschaffen. Irgendwo würden sich wohl welche finden lassen. Auf jeden Fall einen Knaben, der später einmal sein Nachfolger und neuer Wendenkönig werden sollte.

Sogleich begaben sich seine Kumpane auf die Suche. In der Nähe von Drehnow entdeckten sie zwei hübsche Kinder, einen Knaben und ein Mädchen, die am Ufer der Malxe spielten. Die schnappten sie sich, steckten sie in einen Sack, packten sie in ihren Kahn und verschwanden.

Doch die Mutter der Kinder hatte den Raub bemerkt und folgte den Räubern. Die waren bald von der Hitze des Tages müde geworden, legten mit ihrem Kahn im Schatten eines Baumes an und betteten sich ins weiche Gras, um ein Weilchen auszuruhen. Als die beiden eingeschlafen waren und um die Wette schnarchten, befreite die Mutter ihre Kinder. Flink stopften sie ein paar Äste und Steine in den Sack, dann flohen sie, so schnell sie konnten.

Kurz darauf erwachten die Räubergesellen und fuhren mit ihrer vermeintlichen Beute weiter zur Burg ihres Herrn. Der hielt schon Ausschau nach ihnen. Doch was er sah, gefiel ihm gar nicht: Eine schwarze Gewitterwolke kam in bedrohlicher Geschwindigkeit näher, direkt auf die Burg zu. Im Nu war der ganze Himmel pechrabenschwarz. Blitze schossen auf die Erde herab, Donner krachten, als ginge die Welt unter.

Ein Blitz traf den Wendenkönig, er brach auf der Stelle tot zusammen. Ein weiterer Blitz fuhr mit ungeheurer Wucht hernieder, zertrümmerte die Burg und versenkte sie tief hinab in die Erde. Und mit der Burg versanken auch alle Schätze, die der Wendenkönig im Laufe seines Lebens angehäuft hatte.

Seit dieser Zeit spukte es auf dem Schlossberg. Nachts raschelte es unheilvoll in den Sträuchern, der Geist des Wendenkönigs umschwebte die Stelle, an der zuvor seine Burg gestanden hatte. Auch eine weiße Frau wurde gesehen, in Begleitung eines gespenstischen Hundes mit feurigen Augen. An etlichen Stellen brannten kleine Feuer, die die ganze Nacht über nicht erloschen.

Jedermann wusste: Wo solche Flämmchen tanzen, liegt ein Schatz verborgen. So war es nicht verwunderlich, dass bald einige Leute versuchten, in den Besitz des Schatzes zu gelangen. Doch kaum waren die ersten Spatenstiche getan, öffnete sich ein gewaltiges Loch. Aus der Tiefe drang ein mächtiges

Brüllen, als säße ein Löwe im Inneren des Berges. Ein Stein, der hinabgeworfen wurde, brauchte ganze fünf Minuten, bis er unten aufschlug. Aber all das hielt einige verwegene Männer nicht davon ab, ihr Glück zu versuchen.

Einmal kam ein Reisender nach Burg. In der Mühle erfuhr er von den Schätzen in der Tiefe des Berges. Da schlug er vor, diese Schätze gemeinsam zu heben und untereinander aufzuteilen. Man müsse nur einen von ihnen an einem Seil hinunterlassen und mit den erbeuteten Reichtümern wieder heraufziehen. Weil aber niemand freiwillig in die ungewisse Tiefe des Berges hinabtauchen wollte, wurde nun ausgelost, wer an den Strick gebunden werden sollte.

Das Los entschied für den Müller. Als er unten ankam, entdeckte er einen Gang, der zu einer eisernen Tür führte. Kaum stand er davor und wollte sie öffnen, befiel ihn eine unsagbare Angst. Hastig zupfte er an der Leine und wurde wieder nach oben gezogen – zum Ärger seiner Mitstreiter ganz ohne Schatz.

Ein anderes Mal kam ein fremder Müller nach Burg und hörte im Gasthaus von dem Schatz. Nebenbei wurde er so betrunken gemacht, dass er todesmutig bereit war, sich in das Loch abseilen zu lassen. Erstaunt sah er, wie unten alles hell erleuchtet war. Ringsum fand er vier Türen, in jede Himmelsrichtung eine. Doch alle Türen waren mit goldenen Schlössern versperrt. Und vor jeder Tür lag eine große Schlange, die ihren Kopf erhob und bedrohlich zischte. So wurde es auch diesmal nichts mit der Hebung des Schatzes.

Aber vielleicht hätte sowieso niemand die versunkenen Kostbarkeiten finden können. Denn einmal wurden nachts vier Windhunde gesehen, aus deren Maul Feuer sprühte. Sie zogen einen Wagen, auf dem der Schatz des Wendenkönigs lag. Wohin sie ihn gebracht haben, weiß jedoch kein Mensch.

Die Frau des Königs soll noch immer im Bergesinneren sitzen. Sie muss zwölf Hemden nähen, darf aber jedes Jahr nur einen einzigen Stich tun. Erst wenn alle Hemden fertig sind, ist sie erlöst. Dann kommt sie aus dem Berg wieder auf die Erde herauf. Und mit ihr, so wird erzählt, kehrt auch der Wendenkönig zurück.

Dann werden wir vielleicht endlich seinen Namen erfahren.

Der Schlangenkönig und seine kostbare Krone

Der Spreewald war schon immer ein Paradies für Schlangen, vor allem für die harmlosen Ringelnattern. Sogar geflügelte Schlangen sollen einst hier gelebt haben. Sie fühlten sich wohl in der feuchten, sumpfigen Landschaft, Unterschlupf fanden sie zwischen den Wurzeln mächtiger Bäume. Die kleinen Inseln zwischen den unzähligen Wasserläufen waren ein idealer Lebensraum für sie.

Dass sie so zahlreich anzutreffen waren, hatte sogar etwas Gutes. Als die Menschen im Spreewald sesshaft werden wollten, bemerkten sie, dass sich an einigen Stellen besonders viele Schlangen versammelten und dort ihre Eier ablegten. Weil der Spreewald bei Hochwasser gelegentlich überflutet wurde, suchten die Schlangen sich Inseln aus, die etwas höher lagen. Dort war die Gefahr geringer, dass das Wasser die Schlangeneier mit sich reißen und wegspülen konnte.

Was für die Schlangen ein guter Ort war, konnte es auch für die Menschen werden. Und so errichteten die Familien der Bauern und Fischer ihre Häuser auf den Inseln, die die Schlangen ihnen ganz unabsichtlich gezeigt hatten.

Seither waren die Spreewälder diesen Tieren in tiefer Dankbarkeit verbunden, sie verehrten sie als Schutzgeister. In jedem Haus, so glaubten die Menschen, lebten unsichtbar zwei Schlangen, eine männliche und eine weibliche, Gospodar und Gosposa. Gemeinsam brachten die beiden dem Haus und seinen Bewohnern Glück. Und weil die Spreewälder ihr Glück für immer festhalten wollten, schmückten sie die Giebel ihrer Häuser mit zwei gekreuzten Schlangen, die eine Krone auf dem Kopf trugen.

Während die beiden Schlangen in den Häusern den Blicken der Menschen verborgen blieben, wimmelte es in der freien Natur nur so von ihnen. In jedem Schlangenheer gab es einen Schlangenkönig, der trug eine goldene Krone, verziert mit funkelnden Edelsteinen.

Ganz in der Nähe vom Schlossberg in Burg stand eine alte Weide, darin lebte lange Zeit einer der mächtigsten Schlangenkönige des Spreewaldes. Einmal im Jahr, kurz vor Frühlingsbeginn, fand dort eine Versammlung der Schlangen statt. Aus allen Himmelsrichtungen strömten sie herbei, große und kleine Schlangen aller Art. Der Weg zum Schlossberg war so dicht gedrängt voll von ihnen, dass keines Menschen Fuß noch Platz dazwischen gefunden hätte. Doch das störte niemanden, die Schlangen trafen sich nachts, wenn die meisten Leute schliefen.

In einer solchen Nacht kam einmal zufällig der alte Malk am Schlossberg vorbei. Er hatte in der Mühle Mehl gemahlen und wollte nach Hause, seine müden Knochen von der schweren Arbeit ausruhen. Unterwegs traf er auf das Heer der Schlangen. Es nahm kein Ende, immer mehr Schlangen kamen und schlossen sich den anderen an.

Zwar war dem alten Malk dieses stumme Gleiten unheimlich, er wollte sich aber davon nicht abschrecken lassen. Da sah er bei der Weide die kostbare Krone des Schlangenkönigs im Mondlicht glänzen. »Ach, die Krone, wenn ich die hätte, wäre ich reich für den Rest meines Lebens und müsste nie wieder Mehlsäcke schleppen«, sprach der alte Malk zu sich selbst. Vorsichtig wollte er sich der Weide nähern und die Krone stibitzen. Dabei trat er versehentlich auf eine Schlange und wurde gebissen. Weil er sich nun doch zu fürchten begann, blieb ihm nichts anderes übrig, als einen weiten Umweg zu nehmen. Den ganzen Heimweg lang fluchte und seufzte er abwechselnd und dachte an die schweren Mehlsäcke, die am nächsten Morgen wieder auf ihn warteten.

Nicht nur bei Burg versammelten sich die Schlangen, auch im Schlosspark Lübbenau fühlten sie sich wohl. Dort trafen sie sich an sonnigen Tagen, um miteinander zu spielen.

Nun ergab es sich, dass im Jahr 1621 Gräfin Elisabeth zu Lynar das Schloss erwarb und mit ihren Kindern einzog. Ihr Mann war leider schon verstorben. Als sie und die Kinder das erste Mal durch den Schlosspark spazierten, entdeckten sie zu ihrer Freude, wie viele Schlangen es hier gab. Vor allem das jüngste Kind, der fünfjährige Johann Siegmund, war begeistert von der wimmeligen Gesellschaft. Er mochte Schlangen, sie zierten schon seit Jahrhunderten das Wappen der Familie Lynar. Die Gräfin erklärte ihm: »Uns sind die Schlangen heilig, sie sind ein Symbol für Klugheit und Gewandtheit.

Wir werden alles dafür tun, die Schlangen in unserem Park zu schützen.«

»Und was ist mit dem Schlangenkönig und seiner Krone?«, fragte der Junge. »Janika, die Küchenmagd, hat mir erzählt, wie kostbar die Krone ist und dass habgierige Menschen danach trachten, sie zu stehlen.«

»Den Schlangenkönig wollen wir ganz besonders schützen und verehren«, sagte die Mutter. »Seine Krone soll er behalten. Nur dann geht es allen gut, den Tieren und den Menschen.«

Es kam aber bald ein Kaufmann nach Lübbenau, den quälte Tag und Nacht der Wunsch, sehr schnell sehr reich zu werden. Auch er hörte die Geschichte vom Schlangenkönig und seiner wertvollen Krone. Er hörte, dass derjenige, der sie in seinen Besitz brachte, unermesslich reich wurde. Da erwachte die Gier in ihm. Diese Krone musste er haben, unbedingt! Als er auch noch erfuhr, dass sich der Schlangenkönig und sein Gefolge mit Vorliebe im Schlosspark aufhielten, glaubte er sich seinem Ziel zum Greifen nah.

Der Kaufmann wandte sich an die Gräfin und bat darum, im Park lustwandeln zu dürfen. Er schmeichelte ihr und überhäufte sie mit artigen Komplimenten, obwohl er tief im Inneren neidisch auf sie und ihr Schloss war.

Die Gräfin erlaubte es und so schlenderte der Kaufmann zwischen den Bäumen im Park umher, schaute links und schaute rechts, ob sich irgendwo ein funkelndes Krönchen zeigte. Bald schon hatte er das Gewimmel der Schlangen entdeckt. Er versteckte sich hinter einem dichten Gestrüpp und schaute von dort aus zu, wie die Schlangen miteinander spielten. Nach kurzer Zeit kam der Schlangenkönig und legte seine Krone auf einem hellen, reinlichen Fleck ab.

Schon rieb sich der Kaufmann erfreut die Hände. Gleich wollte er sich auf die Krone stürzen und trat einen Schritt aus seinem Versteck hervor. Da sausten die Schlangen in Windeseile in alle Richtungen davon, auch der Schlangenkönig mit seiner Krone.

Am nächsten Tag wollte der Kaufmann sein Glück noch einmal probieren. Wieder spazierte er durch den Park, wieder erspähte er die Schlangenmeute samt König. Doch auch diesmal entwischte ihm der König, und mit ihm der kostbare Schatz.

Am dritten Tag beschloss der Kaufmann, es diesmal schlauer anzustellen. Er hatte beobachtet, dass der Schlangenkönig seine Krone immer auf einem hellen Fleck ablegte. Der Kaufmann trug ein weißes Leinentuch bei sich, das breitete er auf der Wiese aus. Bald schon kam die Gesellschaft der Schlangen zum täglichen Spiel. Dem Schlangenkönig gefiel wohl das weiße Tuch und so legte er seine Krone darauf ab.

Auf diesen Moment hatte der Kaufmann gewartet. Um den Schlangen diesmal nicht zu nahe zu kommen und sie zu vertreiben, hatte er einen Bindfaden an die Zipfel des Tuches geknüpft. Daran zog er nun und riss mit einem Ruck das Tuch samt Krone an sich. Kaum hatte er sich den Schatz geschnappt, schwang er sich auf sein Pferd und ritt davon.

Hinter sich hörte er ein entsetzliches Pfeifen und Zischen. Der Schlangenkönig hatte alle Schlangen herbeigerufen, wie züngelnde Blitze schossen sie dem Kaufmann hinterher. So schnell er auch ritt, seine Verfolger waren schneller. Und es wurden immer mehr. Von allen Seiten schlossen sich weitere Schlangen an. Da gab der Kaufmann seinem Pferd noch einmal kräftig die Sporen, dass es nun geradewegs auf die Schlossmauer zu galoppierte und mit einem kühnen Sprung darüber hinweg flog. Den Schlangen jedoch war der Weg über die Mauer nicht möglich.

Der Kaufmann konnte entkommen, mitsamt der Krone. Reich wurde er

damit, sehr reich sogar. Aber sie brachte ihm dennoch kein Glück. Sein ganzes weiteres Leben fühlte er sich von Schlangen verfolgt. Bis in seine Träume hinein hörte er das Pfeifen und Zischeln der Schlangen. So fand er kaum noch Ruhe und wurde erst von seinen schrecklichen Träumen erlöst, als er starb.

Was dieser Mann mit Gewalt errungen hatte, bekamen andere einfach so geschenkt. Die Schlangenkönige waren Kindern sehr zugetan, auch armen, ehrlichen Menschen halfen sie gern mit einem Geschenk.

So lebte in der Nähe von Leipe eine junge Bauersfrau mit ihrem kleinen Kind. Wenn die Frau in den Stall gehen musste, um die Kühe zu melken, goss sie zuvor etwas Milch in eine Schüssel und brockte Brot hinein. Das stellte sie in der Küche auf den Fußboden, damit das Kind etwas zu essen hatte.

Eines Tages erzählte das Kind, es wäre eine große Katze gekommen und hätte die Milch ausgeschleckt, die Brotstückchen aber übrig gelassen. Die Mutter konnte das nicht glauben, doch das Kind erzählte immer wieder von der großen Katze.

Nun wollte die Mutter wissen, was es damit auf sich hatte. Sie stellte die Schale mit Milch und Brotbröckchen hin, ging aber nicht in den Stall, sondern versteckte sich hinter der Tür. Kurze Zeit später kam eine Schlange herbeigekrochen, mit einer Krone auf dem Kopf. Sie beugte sich über die Schüssel und schleckte die Milch aus. Das Kind tupfte mit seinem Löffel der Schlange an den Kopf und sagte: »Miez, du darfst von der Milch trinken. Aber friss doch auch mal ein Bröckchen Brot.«

Die Mutter stand starr vor Angst in ihrem Versteck und fürchtete, die Schlange würde ihrem Kind etwas antun. Doch die Schlange schlabberte nur weiter die Milch weg und war Augenblicke später verschwunden.

Ein ganzes Jahr lang kam die Schlange täglich zu dem Kind. Als das Jahr vergangen war, legte die Schlange die Krone ab und schenkte sie dem Kind, das fortan ein glückliches und dankbares Leben führte.

Wichor, Wichor, Wirbelwind

»Das Wetter sieht gut aus«, sprach Bauer Michal am Morgen zu seiner Frau. »Das Heu auf der Wiese wird inzwischen trocken genug sein. Heute harke ich es zusammen, morgen bauen wir daraus einen großen Heuschober. So groß, wie es noch keinen im Spreewald gab.«

»Dass du immer so übertreiben musst«, entgegnete seine Frau. »Mir würde es schon genügen, wenn es ein ganz normaler Schober wird, wie schon in den vergangenen Jahren. Aber es könnte sein, dass sich das gute Wetter nicht lange hält. Ich spüre es in meinen Knochen: Der Wichor ist unterwegs.«

»Der Wichor? Wer soll das denn sein?«, fragte Michal.

Seine Frau schaute ihn verwundert an. »Sag bloß, deine Großmütter haben dir nie etwas vom Wichor erzählt, dem gefährlichen Wirbelwind, dem Unheilstifter? Wie schnell hat er Schaden übers Land gebracht, hat Dächer abgedeckt, Bäume entwurzelt, Menschen mit sich gerissen oder ihnen Krankheiten in den Hals gepustet.«

»Du immer mit deinen alten Geschichten«, grummelte Michal. »Hast du ihn jemals gesehen, diesen Herrn Wichor?«

»Nein, habe ich nicht. Man kann ihn auch nicht mit bloßem Auge sehen, sondern nur, wenn man durch ein Astloch in einem Brett schaut. Oder durch das Loch im Wagenrad. Oder durch einen Hemdsärmel. Da kann man ihn erspähen, den Wichor. Ein graues Männlein, das sich in irrsinniger Geschwindigkeit um sich selbst dreht und so den Wirbelwind erzeugt. Manchmal sieht er aber auch aus wie ein Hase oder ein grauer Kater, der sich auf die Hinterbeine gestellt hat und sich im Kreise dreht.«

»Ein Hase oder ein Kater? Na, da muss ich mich wirklich sehr fürchten«, meinte Bauer Michal lachend und begab sich zu seiner Wiese, wo das Heu schon auf ihn wartete.

Vor drei Tagen hatte er mit der Sense das Gras geschnitten und es seither mehrfach mit der Heugabel gewendet, damit es gut trocknen konnte. Noch lag es über die ganze Wiese verteilt. Michal seufzte kurz. Da wartete viel Arbeit auf ihn, sehr viel Arbeit, alles Heu zuerst einmal zu mehreren Haufen zusammenzuharken. Dann musste er noch das Schobergestell bauen, auf dem das Heu kunstvoll aufgeschichtet werden sollte.

Stück für Stück kam er voran, die Sonne stieg am Himmel höher und höher. »Zeit für eine Pause«, sprach Michal zu sich selbst. Er setzte sich auf einen großen Stein am Rand der Wiese, packte einen Brotkanten aus und schnitt mit dem Messer kleine Brocken ab, die er sich genüsslich in den Mund schob.

Und während er so saß und kaute und zufrieden auf die bisher erledigte Arbeit blickte, pfiff ihm etwas um die Ohren, sauste sogleich in einen der Heuhaufen hinein, pustete ihn um, wirbelte das Heu hoch in die Luft und verteilte es über die ganze Wiese. Es fuhr in den nächsten Haufen, verteilte auch den, dann den übernächsten.

Schneller als Bauer Michal Luft holen konnte, war seine Arbeit von vielen Stunden zunichte. »Verfluchter Wind«, schimpfte Michal, »du hast mir gerade noch gefehlt!«

Das hätte er lieber lassen sollen. Denn sofort drehte der Wirbelwind noch einmal kräftig auf, stürmte auf Michal zu, als wollte er auch ihn umpusten. Er zog und zerrte an ihm, fuhr ihm in die Ärmel und Hosenbeine, dass die nur so wedelten, und riss ihm schließlich die Mütze vom Kopf. Michal sprang auf und wollte nach seiner Mütze greifen. Doch der Wind trieb sie in weiten Kreisen über die Wiese.

»Jetzt reicht es mir aber, du verdammter Wirbelwind! Es ist mir auch egal, ob du Wichor heißt oder Schweinedreck. Ich will meine Mütze zurück, und zwar auf der Stelle!«, rief Bauer Michal in den tobenden Wind hinein. Da fiel ihm ein, was seine Frau einmal erzählt hatte: dass sich Geister vor Metall fürchten. Auch wenn er selbst nicht daran glaubte, war es doch einen Versuch wert. Er blickte kurz auf das Messer, das er von seiner Mahlzeit noch immer in der Hand hielt, und warf es mitten in den Wind. Für einen kurzen Moment hörte er einen schrecklichen Ton, ein Jaulen oder Wimmern, dann war Ruhe.

Endlich konnte er seine Mütze aufheben und sich wieder auf den Kopf setzen. Nur das Messer fand er nicht, so sehr er auch suchte.

Bauer Michal grummelte noch eine Weile vor sich hin, dann machte er sich erneut an die Arbeit. Er harkte das Heu zusammen und begann, das Holzgestell für den Schober zu bauen. Doch fertig wurde er damit nicht.

Restlos erschöpft kam er am Abend nach Hause. Seine Frau sah ihn mit sorgenvollem Blick an und sagte: »Du bist ja völlig durch den Wind. Da hilft nur eins: Wirbelwindskraut. Wie gut, dass ich vorsorglich einen Tee davon gekocht habe.«

»Tee aus Wirbelwindskraut?«, maulte Michal. »Was ist denn das für ein Hokuspokus?«

»Mein lieber Mann, du wärst nicht der Erste, den dieses Kraut vor Schlimmerem bewahrt. Es hilft gegen alle Krankheiten, die der Wichor den Leuten ins Gesicht oder in die Knochen bläst. Man muss es aufkochen und als Tee trinken. Die Schwierigkeit ist nur, das richtige Wirbelwindskraut zu finden, denn es gibt zwei Arten: das weibliche und das männliche. Gegen den Wirbelwindsschreck hilft nur das männliche Kraut. Das weibliche hat nämlich …«

»Egal. Und du meinst, das hilft?«, fragte Michal.

»Das weißt du doch nur, wenn du es ausprobierst«, meinte seine Frau und hielt ihm den Becher mit dem dampfenden Tee entgegen.

Bauer Michal trank den Tee, aß eine Kleinigkeit und legte sich schlafen. Am nächsten Morgen wachte er mit frischen Kräften auf und schaffte nun, was er am Vortag nicht geschafft hatte: das Schobergestell zu bauen und gemeinsam mit seiner Frau alles Heu darauf aufzuschichten. Höher und höher. »Das wird reichen, um unsere Kuh im Winter ausreichend füttern zu können«, sagte Michal und war sehr zufrieden. Auch wenn es nicht der größte Schober im ganzen Spreewald geworden war.

Einige Zeit später wollte er Getreide und allerlei Gemüse auf dem Markt verkaufen. Im Morgengrauen packte er alles auf seinen Wagen, spannte die Pferde davor und fuhr los. Als er an eine Brücke kam, stand dort ein kleiner, grau gekleideter Mann. Der fragte ihn, was er geladen hatte und wohin er damit wolle. Bauer Michal antwortete: »Ich will nach Cottbus auf den Markt, Weizen, Roggen, Hirse, Kohl, Zwiebeln und Möhren verkaufen.«

Der Fremde fragte, ob er das alles bekommen könne, für einen guten Preis. Er müsste es ihm aber nach Hause bringen, seine Wohnung läge ganz in der Nähe.

Das gefiel Michal, da konnte er sich den weiten Weg nach Cottbus sparen. Und so wurden die beiden schnell handelseinig.

»Folge mir«, sagte der Fremde und schlug den Weg zum Byhleguhrer See ein. Als sie am Ufer angekommen waren, der Fremde zu Fuß und Michal mit seinem Fuhrwerk, starrte Michal abwechselnd auf das Wasser und auf den Fremden. Es schien so, als wollte der geradewegs in den See hinein marschieren. Wie sollte Michal ihm da mit seinem Fuhrwerk folgen?

Der Fremde schlug mit einem Stock auf den See. Das Wasser wich nach links und rechts aus, in der Mitte entstand ein Fahrweg. Auf dem kamen sie gut voran, bis sie ein kleines Schloss erreichten. Der Fremde rief seine Söhne herbei, die sollten beim Abladen helfen. Und während die Burschen das Getreide und das Gemüse in die Scheune trugen, führte der Fremde Michal in seine Stube. Er brachte ihm Brot und Butter und legte auch ein Messer daneben. Er wolle schnell noch das Geld holen, sagte er.

Während Bauer Michal allein am Tisch saß, besah er sich das Messer und stellte erstaunt fest, dass es haargenau so aussah wie jenes Messer, das er nach dem Wichor geworfen hatte. Und als er sich eine Scheibe Brot abschnitt und mit der goldgelben Butter bestrich, lag es ihm genau wie seines in der Hand.

Schon trat der Fremde herein und brachte das Geld. Da bemerkte er, wie Michal das Messer von allen Seiten betrachtete, also fragte er ihn: »Was schaust du so auf das Messer?«

Michal antwortete: »Es sieht aus wie mein Messer. Ich glaube ganz und gar, das ist mein Messer. Wie seid Ihr in seinen Besitz gekommen?«

Da sagte der Fremde, der niemand anderes war als der Wichor: »Es ist das Messer, das du nach mir geworfen hast. Schau her!« Er zeigte auf eine Narbe an seiner Stirn. »An dieser Stelle hast du mich getroffen. Tu das nie wieder! Nimm dein Geld und verschwinde, ehe ich es mir anders überlege.«

Bauer Michal stieg auf sein Fuhrwerk und trieb die Pferde zu höchster Eile an. Die trabten, so schnell sie konnten, den offenen Weg durch den See zurück. Zwar schlug das Wasser unter den Rädern des Fuhrwerks immer heftiger zusammen, aber Bauer Michal erreichte glücklich das rettende Ufer. Als er sich umschaute, hatte sich der See wieder geschlossen.

»Verrückt, wirklich verrückt«, flüsterte Michal. »Wichor, Wichor, Wirbelwind, sind wir nun quitt?« Doch eine Antwort bekam er nicht. Der See lag spiegelglatt und funkelte im Sonnenlicht. Nicht der leiseste Wind kräuselte das Wasser zu Wellen.

Die verwirrenden Streiche der Irrlichter

Wenn sich die dunkle Nacht über Wälder und Dörfer senkte, begann die Zeit der Irrlichter, auch Blud oder Bludnik genannt. Winzige Wesen huschten durch die Landschaft, mit einer Laterne in der Hand. Kleine Flämmchen flackerten und tanzten über die sumpfigen Wiesen. Blass leuchtende Gestalten, nicht größer als ein Stuhlbein, warteten am Wegesrand, um einsame Wanderer nach Hause zu geleiten – oder ganz gewaltig in die Irre zu führen.

War jemand in einer stockfinsteren Nacht unterwegs und konnte Weg und Steg kaum erkennen, war so ein Lichtlein ein großer Segen. Man musste es nur freundlich bitten, schon war es bereit, den Heimweg zu beleuchten. Als Dank verlangte es nicht viel, nur eine kleine Münze. Oder ein Quarkbrot.

Die Irrlichter trieben aber auch gern Schabernack und Scherze, vor allem mit Betrunkenen. Wenn so einer aus dem Wirtshaus kam und mächtig wankte und schwankte, wenn er in seinem benebelten Kopf nicht mehr klar wusste, in welcher Richtung er sein rettendes Zuhause suchen musste, dann lauerte ganz gewiss schon irgendwo ein Irrlicht hinter einem Baum. Kicherte vergnügt, sprang hervor und lockte mit seinem Lämpchen den Trunkenbold vom Weg ab, führte ihn kreuz und quer durch Bäche, Morast und Gestrüpp. Und verschwand ganz plötzlich, erneut leise kichernd. Was blieb da dem verirrten Mann übrig, als sich unter einen Baum zu legen und seinen Rausch auszuschlafen, bis die Nacht vorüber war? Aber wehe, er kam auf die Idee, die Stiefel auszuziehen. Dann huschte das Irrlicht noch einmal herbei und brannte ihm Blasen auf die Fußsohlen.

Überhaupt nicht leiden konnten es die Irrlichter, wenn sie beschimpft oder bedroht wurden. Und wenn jemand versuchte, sie zu betrügen, konnten sie sich bitter rächen.

Einmal war ein Bauer spätabends unterwegs nach Hause. Eigentlich kannte er den Weg gut. Weil aber in dieser mondlosen Nacht die Wege einander verwirrend ähnlich sahen, verlor er im Dickicht des Waldes die Orientierung. Auch die Sterne halfen ihm nicht weiter, die hatten sich hinter einer dichten Wolkendecke versteckt.

Da leuchtete ihm im nahen Gebüsch ein anderes Licht entgegen. Ein strahlend helles Kerlchen hockte dort, als hätte es den ganzen Abend auf den Bauern gewartet.

»Bitte hilf mir und bring mich nach Hause«, flehte der Bauer. »Zwei Silbergroschen will ich dir zum Lohn geben.«

Das Irrlicht war einverstanden, hüpfte vor dem Mann her und beleuchtete den Weg. So kamen die beiden gut voran, und schon stand der Bauer vor seinem Gehöft.

Doch nun war er sich ganz sicher, er hätte den Weg auch gut allein finden können, ohne die Hilfe des Winzlings. Es ging doch immer nur geradeaus. Und dafür sollte er jetzt zwei Silbergroschen herausrücken? Das Irrlicht streckte ihm schon seine Hand entgegen.

»Moment bitte«, sagte der Bauer, »ich muss das Geld holen.« Blitzschnell sprang er ins Haus und schloss die Tür. Dort konnte ihm das Irrlicht nichts anhaben, dort war er sicher vor möglichen Streichen.

Zufrieden mit sich und seiner List legte er sich ins Bett. Doch was war plötzlich da draußen los? Es lärmte und polterte. Und nun erklang auch noch das Glöckchen, das er seinem Fohlen umgebunden hatte. Es schien aus dem Stall auszubüxen, ein paar Runden über den Hof zu flitzen und davonzugaloppieren. Mitten in der Nacht! Der Bauer sprang aus dem Bett und eilte nach draußen, um das Fohlen wieder einzufangen. Dabei verirrte er sich im Wald, schlimmer als zuvor, und fand erst am nächsten Morgen heim. Das Fohlen stand brav im Stall, als sei nichts geschehen. So hatte ihn das Irrlicht hinters Licht geführt und um den Schlaf gebracht.

Wer aber freundlich war, dem halfen die Irrlichter nicht nur als Wegbegleiter durch die dunkle Nacht. Für manchen hielten sie noch ein ganz anderes Glück bereit.

Eines Abends hörte ein Bauer, wie jemand an sein Fenster klopfte, dazu rief ein feines Stimmchen: »Ich bin da, ich bin da!«

Der Bauer schaute hinaus, wer zu solch später Stunde noch unterwegs war. Da sah er ein Irrlicht vor seinem Fenster stehen, das war nicht größer als ein kleines Kind. Es streckte seine kleine, weiße Hand aus und bat um einen Pfennig.

Der Bauer fragte nicht, wofür das Irrlicht das Geld brauchte, sondern kramte es sogleich aus seinem Geldbeutel hervor. Doch er hütete sich, dem Lichtlein das Geld in die Hand zu geben. Wer das tat, verbrannte sich die Finger. Der kluge Bauer wusste sich aber zu helfen: Er legte die Münze auf einen Holzlöffel und reichte sie hinaus.

Das Irrlicht bedankte sich und sagte: »Komm mit!«

Wieder überlegte der Bauer nicht lange, auch wenn er nicht wusste, wohin das Irrlicht ihn führen würde. Da er aber ohne Furcht war, folgte er dem Lichtlein durch die Nacht. Aus dem Dorf hinaus, über zwei Wassergräben hinweg, bis nahe an den Wald. Dort zeigte das Irrlicht auf eine Stelle und sagte: »Hier musst du graben.« Im nächsten Augenblick war es verschwunden.

Da der Bauer den Holzlöffel noch immer bei sich trug, begann er damit zu buddeln. Schon kurze Zeit später funkelten ihm im Mondlicht goldene und silberne Münzen entgegen. So war der Bauer für eine kleine Gefälligkeit belohnt fürs ganze Leben.

Und wer bei Nacht und Nebel im Spreewald unterwegs ist, sollte für alle Fälle immer ein paar Münzen bei sich haben.

Ein Glücksdrache für alle Fälle

Wenn abends seltsame Lichter über die Dörfer flogen, wenn eins der Lichter wie ein Blitz in einem Schornstein verschwand, dann waren sie wieder unterwegs: die Glücksdrachen, beladen mit allerlei Reichtümern.

Nicht unter jedem Dach wohnte solch ein hilfreicher Hausgeist, Plon genannt. Wenn aber die Not im Haus gar zu groß war, wenn der Bauer kaum von seiner Hände Arbeit leben konnte und die Bäuerin nicht wusste, wie sie eine ordentliche Mahlzeit auf den Tisch bringen sollte, dann war ein Plon als Glücksbringer mehr als willkommen.

Es gab verschiedene Arten von Drachen, die nachts übers Land zogen und den Leuten das verschafften, was sie sich am meisten wünschten. Der Getreidedrache trug Getreide herbei und füllte die Kornspeicher. Der Milchdrache sorgte für Milch, Butter und Quark und der Gelddrache brachte Geld und Gold ins Haus.

Doch was des einen Glück war, war des anderen Leid. Was der Plon seinem Besitzer brachte, raubte er aus den Scheunen, Speichern und Geldbörsen anderer Leute. Flog der Plon sehr niedrig, dann kehrte er gerade schwer beladen von seinem Beutezug zurück. Leuchtete er sehr hell, hatte er Geld gestohlen. Schimmerte er bläulich, trug er Getreide bei sich.

Wer einen Drachen am Himmel fliegen sah, konnte in den Besitz der Reichtümer gelangen, auch wenn ihm der Plon nicht gehörte. Man musste nur schnell die Hosen herunterzuziehen, dem Drachen den nackten Hintern zeigen und rufen: »Kleck, Hansl!« Dann nämlich musste der Plon alles ausspeien und fallen lassen, was er an Geld und Kostbarkeiten mit sich trug. Allerdings war das nicht ganz ungefährlich. Am besten, man verzog sich unter ein Dach, wo die Dachbalken ein schützendes Kreuz bildeten.

Einmal fuhr ein Kutscher nachts durch den Wald und erspähte oben am Himmel einen leuchtenden Drachen. »Plon, bleib stehen!«, rief er, zog sich blitzschnell die Hosen herunter und hielt sein blankes Hinterteil dem Drachen entgegen. Der schoss im Sturzflug herab und ließ allen Quark fallen, den er mit sich schleppte. Mit einer Stichflamme versengte er dem vorlauten Kutscher das Gesäß, dann schwang er sich wieder in den nächtlichen Himmel hinauf. Schade nur um den Quark, der nun mitten im Wald herumlag. Vier Wochen lang konnten sich die Wildschweine davon ernähren.

Doch wie gelangte man in den Besitz eines Plons, wenn man einen dieser Glücksbringer für sich haben wollte?

Manchmal kam der Plon ganz überraschend und unverhofft ins Haus, er konnte nämlich seine Gestalt ändern. Abends zog er mit langem, feurigem Schweif über den Himmel, am Tag zeigte er sich mal als buntes Kalb, mal als mageres Hühnchen, schwarzer Kater, fliegender Fisch oder gar als Ferkel.

So hatte sich ein Drache in Gestalt eines schwarzen Katers bei einem Bauern eingeschlichen. Der wusste anfangs nicht, wen er da neuerdings unter seinem Dach beherbergte. Als aber seit diesem Tag sein Reichtum beständig wuchs, ahnte er, wer dieser Kater wirklich war. Nachts, wenn alle Welt schlief, schlich der Drachenkater in die Häuser der Nachbarn und sammelte dort Geld ein, so viel er finden konnte.

Zum Dank musste ihm die Bäuerin jeden Tag einen großen Topf Milchhirse kochen. Sobald der heiße Brei abgekühlt war, befüllte sie damit den Fressnapf des Katers, der gar nicht genug bekommen konnte.

An einem Sonntag wollten die Bauersleute in die Kirche gehen und beauftragten die Magd, einen Topf Hirsebrei zu kochen. Die Magd war neu auf dem Bauernhof und wurde von der Bäuerin ermahnt: »Pass auf, wenn der schwarze Kater betteln kommt! Du gibst ihm nichts von der heißen Speise! Mag er auch schnurren, so viel er will.«

Die Magd nickte und schob den großen Topf auf den Herd. Bald blubberte der dicke Brei über dem Feuer, die süßen Duftschwaden zogen durchs Haus und lockten den schwarzen Kater herbei. Er strich der Magd bettelnd um die Beine, schnurrte und maunzte herzzerreißend, als müsste er auf der Stelle verhungern. Die Magd streichelte ihn und flüsterte ihm zu: »Ich soll dir nichts geben, ich musste es versprechen.« Da kippte der Kater zur Seite, als wäre sein Leben gleich zu Ende.

»Also gut«, sagte die Magd. »Die Bäuerin wird es wohl nicht merken, wenn ich dir eine Kleinigkeit gebe.« Sie tauchte den Rührlöffel in den Brei und füllte einen Klecks davon in den Fressnapf. Gierig stürzte sich der Kater darauf. Doch sogleich schrie er laut auf – er hatte sich an der heißen Speise das Maul verbrannt. Vor Schmerz laut jaulend rannte er zur Tür hinaus.

In gleichen Moment überfiel die Bäuerin in der Kirche eine dunkle Ahnung. »Ich fürchte, zu Hause ist etwas Schreckliches passiert«, flüsterte sie ihrem Mann zu. Sie eilte nach Hause und sah das ganze Gehöft in Flammen stehen. Schuld daran war der Kater, dem das Maul noch von der heißen Hirse brannte. In seiner Wut hatte er Feuer gespien, hatte Haus, Scheune und Ställe angezündet, und im Nu war alles abgebrannt. Die Magd konnte sich retten, doch von dem Kater fehlte fortan jede Spur.

Kaum hatten die Bauersleute ihr Haus neu errichtet, spazierte der Kater mit erhobenem Haupt wieder zur Tür herein. Der Bauer wollte ihn aber nicht mehr unter seinem Dach dulden. Er griff sich den Kater, schnürte ihn in ein Bündel Stroh und ging damit hinaus aufs Feld. Dort sagte er: »Du hast mir ein Feuer beschert, nun beschere ich dir eins.« Er legte das Bündel in einer Kuhle ab, zündete es an und rannte nach Hause, so schnell er konnte.

Am Hoftor erwartete ihn schon der Kater und maunzte: »Wie gut, dass wir beide so rennen können. Sonst hätte uns das Feuer aufgefressen.«

Der Bauer seufzte. Noch ein paar Mal versuchte er, den Kater im Wald auszusetzen oder auf anderem Wege loszuwerden. Doch der Drachenkater kam immer wieder zurück, rollte nur mit den Augen und sorgte weiter für Reichtum. Auch wenn der Bauer schon lange nicht mehr glücklich darüber war.

Ein anderer Mann war einmal unterwegs vom Markt nach Hause. Vor ihm her lief eine Frau, die einen großen Korb auf dem Rücken trug. Oben auf dem Korb lag eine Schachtel, die bei jedem Schritt hin und her rutschte, schließlich vom Korb kippte und im Gras am Wegesrand landete.

»Gute Frau, Ihr habt etwas verloren«, rief der Mann. Die Frau drehte sich nicht um, sondern lief mit großen Schritten davon. Der Mann eilte zu der Schachtel und hob sie auf, um sie der Frau zu bringen. Doch als er sich aufrichtete, war sie spurlos verschwunden.

So nahm der Mann die Schachtel mit nach Hause. Als er sie öffnete, sah er ein Hühnchen darin sitzen, schwarz, zerzaust und hungrig. Der Mann gab ihm ein paar Körner, das Tier pickte eifrig und gackerte dankbar.

Am nächsten Morgen fand der Bauer ganz in der Nähe des Hühnchens einen kleinen Haufen Getreide. Einen Teil davon streute er dem Hühnchen hin, den Rest füllte er in einen Sack.

Tags darauf lagen an der gleichen Stelle wieder Körner, diesmal war der Haufen ein Stück größer.

So ging das nun Tag für Tag, der Mann konnte Sack um Sack mit Getreide füllen. Aber er begriff auch, wem er dieses Geschenk zu verdanken hatte: dem Hühnchen, das wohl niemand anderes war als der Plon.

Da begann der Mann sich zu fürchten. Er wollte diesen Reichtum nicht, er war nicht ehrlich verdient. Und außerdem war der Drache als Feuergeist eine große Gefahr. Wenn ihm etwas nicht in den Kram passte, konnte er im Nu das Haus abfackeln.

Aber wie konnte er das Hühnchen loswerden? Sooft er es irgendwo aussetzte, kam es doch immer wieder zu ihm zurück. Als er sich keinen Rat mehr wusste, ging er zu einer alten Frau im Dorf, die sich mit solchen Dingen auskannte.

Sie riet ihm: »Am besten, Ihr setzt das Hühnchen wieder in die Schachtel, in der Ihr es gefunden habt. Geht zum Markt in die Stadt und nehmt es mit. Unterwegs müsst Ihr es verlieren, wie die Frau es verloren hat. Ihr dürft Euch aber auf gar keinen Fall umdrehen! Egal, was hinter Euch geschieht!«

Am nächsten Markttag packte der Mann die Schachtel oben auf seine Kiepe, hockte sich die Kiepe auf und stapfte los. Als er an jene Stelle kam, an der er das Hühnchen gefunden hatte, stampfte er heftig auf und schaukelte bei jedem Schritt den Korb hin und her, bis die Schachtel endlich ins Gras fiel. Augenblicke später hörte er hinter sich eine Stimme: »Guter Mann, haltet ein! Ihr habt etwas verloren.« Doch der Mann eilte davon, als wäre der Teufel hinter ihm her.

Auch Bauer Jacek plagten schwere Sorgen. Er hatte den ganzen Tag auf seinem Feld geackert und gerackert. Auf dem Weg nach Hause ließ er den Kopf hängen, so schwer war sein Kummer. Wusste er doch schon lange nicht mehr, wie er seine Familie ausreichend ernähren konnte.

Wie er so ging mit hängendem Kopf, sah er auf dem Weg etwas blinken. Ein Geldstück, ein Dreier! Er schaute sich um, ob jemand in der Nähe war, der das Geld verloren haben könnte. Doch da war niemand. Also steckte sich Jacek die Münze in die Hosentasche und eilte nach Hause. Dort wickelte er das Geld in ein Tuch und schob es unter seine Matratze. Niemandem verriet er etwas davon. Er wollte das Geld sparen und seiner Familie ein Festessen auf den Tisch zaubern, wenigstens ein einziges Mal.

Am nächsten Abend blinkte an der gleichen Stelle wieder ein Geldstück im letzten Sonnenlicht. Bauer Jacek murmelte: »Das geht nicht mit rechten Dingen zu.« Wieder war weit und breit niemand zu sehen, dem das Geld gehören könnte. Also nahm er auch das mit nach Hause und packte es zu der Münze vom Vorabend. Am folgenden Tag, nach getaner Arbeit, lief er so schnell er konnte zu jener Stelle, und auch diesmal prangte dort ein Geldstück.

So ging das nun Abend für Abend. Und immer war das Geldstück doppelt so viel wert wie das vom Abend zuvor. Bis Bauer Jacek schließlich einen ganz besonders kostbaren Taler fand. Als er damit nach Hause kam, hörte er es auf dem Dachboden rumpeln und rumoren. Er stieg hinauf und entdeckte hinter einem Dachbalken einen Plon.

»Ach, so ist das«, rief Jacek aus.

»Ja, so ist das«, entgegnete der Plon. »Mit diesem Taler hast du mich ins Haus gelockt. Es handelt sich um einen Hecketaler, er heckt Geld. Daran wird es dir niemals mehr mangeln. Dafür werde ich sorgen. Und du sorgst im Gegenzug dafür, dass ich reichlich zu essen bekomme. Am liebsten Milchhirse mit einem großen Klecks Butter und dick mit Zucker bestreut. Und sonntags Fleisch.«

Von nun an hatte Bauer Jacek keine Sorgen mehr. So viel er auch von dem Geld ausgab, es wurde auf wundersame Weise nicht weniger, sondern immer mehr.

Und so, wie der Geldhaufen immer größer wurde und bald eine große Truhe füllte, so wuchs Jaceks schlechtes Gewissen. Denn er wusste wohl, dass der Drache nur Geld heranschleppen konnte, wenn er es bei anderen Leuten stahl. Außerdem bemerkte Jacek, wie er nach und nach sämtliche Freude an der Arbeit verlor. Selbst wenn er sich den lieben langen Tag auf die faule Haut legen würde, müsste er keine Not leiden.

Nein, auf Dauer schmeckte Jacek das behagliche Leben bitter. Er wollte den Plon loswerden. Aber wie konnte er das anstellen?

Er erinnerte sich an den Pakt, den er mit dem Drachen geschlossen hatte: Solange der Plon ausreichend Hirsebrei bekam, würde er für Geld sorgen.

»Ich koche ihm einfach keinen Hirsebrei mehr«, schlug die Bäuerin vor. Doch so einfach war das nicht. Zwei Tage lang hockte der Plon verbiestert auf dem Dachboden, polterte und rumorte auch die ganze Nacht hindurch, dass niemand schlafen konnte. Am dritten Tag fauchte er Jacek eine kleine Flamme entgegen und drohte, das Haus abzufackeln, wenn er nicht bald eine ordentliche Portion Milchhirse bekäme. Mit extra viel Butter!

Eilends kochte die Bäuerin einen großen Topf Hirse. Währenddessen grübelte der Bauer, ob der Drache nicht mit einer List zu vertreiben wäre. Da fiel sein Blick auf einen alten, kaputten Stiefel. Als der Plon gierig den Hirsebrei verschlang, schnitt Bauer Jacek die Sohle vom Stiefel ab. Den Schaft nagelte er heimlich an einen Dachbalken, direkt über einem geöffneten Sack.

»Die nächste Milchhirse bekommst du erst, wenn du diesen Stiefel mit Geld gefüllt hast. Randvoll, wenn ich bitten darf«, forderte Bauer Jacek.

Der Drache flog zum Schornstein hinaus und kam bald zurück, das Maul voller Goldmünzen. Die ließ er in den Stiefel fallen und flog gleich wieder los. Doch so viel er auch heranschleppte – der Stiefel füllte sich nicht. Er würde also nie wieder Milchhirse bekommen. Nachdem er einen ganzen Tag und eine ganze Nacht vergeblich versucht hatte, den Stiefel zu füllen, flog er zornig ein letztes Mal davon und kam nie wieder.

Bauer Jacek atmete erleichtert auf. Schade nur, dass sich mit dem Verschwinden des Plons alles Gold in jenem Sack und in der großen Truhe in Pferdeäpfel verwandelt hatte.

Die scharfe Sichel der Mittagsfrau

»Es ist gefährlich, mittags auf dem Feld zu arbeiten. Wenn die Sonne am höchsten steht und glühend heiß aufs Land herab scheint, geht die Mittagsfrau umher.« Wie oft hatte Katkas Großmutter von dieser unheimlichen Gestalt erzählt: »Die Mittagsfrau ist eine große, magere Frau in weißen Gewändern. Auf dem Kopf trägt sie eine weiße Kapuze und in der Hand eine lange Stange, an der eine Sichel befestigt ist. Eine bedrohlich scharfe Sichel! Die Mittagsfrau hält Ausschau nach Männern und Frauen, die es versäumt haben, die Feldarbeit für eine Mittagspause zu unterbrechen. Sie quält die Leute mit ihren Fragen, bis sie in der Hitze ganz wahnsinnig geworden sind. Und manchen, der ihr nicht eine Stunde lang etwas erzählen konnte, hat sie wohl um einen Kopf kürzer gemacht.«

An all das erinnerte sich Katka, als sie in der Mittagshitze auf ihrem kleinen Acker Unkraut jätete. Die Sonne stach ihr in den Rücken, in ihrer Kehle brannte der Durst. Als sie sich für einen Moment aufrichtete, sah sie, wie die Luft in der Hitze flirrte. Und in dem Flirren kam eine große Gestalt näher und näher. Schon stand die dürre, weiß gekleidete Frau vor ihr, schwang ihre scharf blitzende Sichel und zischte drohend ihren Spruch: »Sichel und Hals!«

Wie gut, dachte Katka, dass ihre Großmutter oft genug von diesem Mittagsgespenst erzählt hatte. Und auch in der Spinnstube wussten ihre Freundinnen allerlei zu berichten, wie man dieser Dämonin am besten begegnete. Nun galt es, einen kühlen Kopf zu bewahren. So schwer das auch in der prallen Sonne war.

»Gute Frau«, sagte Katka, »ich bitte um mein Leben. Ich weiß wohl, dass mittags die Feldarbeit ruhen soll. Aber den ganzen restlichen Tag muss ich dem Bauern und der Bäuerin zur Hand gehen. So bleibt mir nur die Mittagsstunde, in der ich mich um mein kleines Stück Acker und um meinen eigenen Flachs kümmern kann.«

»Wenn du mir eine Stunde lang über eine Sache erzählen kannst, will ich dir deine Bitte gewähren. Fang an«, entgegnete die Mittagsfrau.

»Ich werde Euch erzählen, wie auf diesem schmalen Stückchen Acker übers Jahr meine Kleider heranwachsen«, sagte Katka. Sie gab sich alle Mühe, ganz langsam zu sprechen und die Wörter in die Länge zu ziehen, um Zeit zu schinden. Wie zufällig ging sie dabei hinüber zu den Sträuchern am Feldrand, in deren Schatten sie sich nun setzte. Die Mittagsfrau folgte ihr, blieb allerdings ein Stück entfernt in der Sonne stehen, denn im Schatten würde sie ihre Macht verlieren.

»Also!«, begann Katka. Mit diesem Wort war immerhin schon etwas Zeit vergangen, deshalb wiederholte sie es gleich noch einmal: »Also, es ist so: Im Herbst suchen wir den besten Acker für den Flachsanbau aus. Die Erde wird umgepflügt und von allem Unkraut befreit. Den Winter über ruht die Erde unter einer schützenden Schneedecke. Wenn der Winter lange genug gedauert hat, vertreiben wir ihn mit einem Fest, das wir Fasching nennen. Dabei soll man tüchtig tanzen und springen, damit der Flachs später gut gedeiht. Je höher wir springen, umso höher wächst der Flachs. Warum das wichtig ist, erkläre ich später.

Sobald die Sonne im Frühjahr den Schnee schmelzen lässt, wird der Acker umgegraben und anschließend mit einem eisernen Rechen bearbeitet, bis er glatt und eben ist. Dann wird ausgesät. Nur der beste Samen, frei von Unkraut, eignet sich dafür. Damit sich die hungrigen Vögel nicht darauf stürzen, wird die Saat mit kleinen Schritten in die weiche Erde getreten. Fuß neben Fuß, Fuß neben Fuß, Fuß neben Fuß …«

»Weiter!«, befahl die Mittagsfrau.

»Fuß neben Fuß und immer so weiter, bis zum Ende des Feldes. Bald ziehen kräftige Regenschauer übers Land und die Sonne wärmt den Boden. Dann dringen die ersten grünen Spitzen ans Licht, die Stängel beginnen zu wachsen, schmale Blättchen zeigen sich. Jetzt müssen wir auf gutes Wetter hoffen, damit der Flachs weit hinauf wächst. Denn aus den größten Stängeln lassen sich die längsten und besten Fasern gewinnen.

Im Sommer steht das ganze Feld in blauer Blüte. Schaut nur, wie schön das aussieht«, sagte Katka und wies mit einer Handbewegung auf ihr kleines Feld.

»Hab's gesehen. Weiter«, forderte die Mittagsfrau.

»Nun muss immerzu gejätet werden, damit das Unkraut dem Flachs nicht den Platz und das Sonnenlicht wegnimmt. Deswegen bin ich heute hier. Aber das werde ich wohl heute nicht mehr schaffen. Ich hoffe, ich kann es morgen erledigen.«

»Morgen? Weißt du denn, ob du morgen noch am Leben bist? Die Stunde, die dir das Leben retten kann, ist noch längst nicht um«, sagte die Mittagsfrau und schwang die Sichel knapp über den Kopf des Mädchens hinweg.

Katka versuchte ruhig zu bleiben und erzählte weiter: »Wenn aus den leuchtend blauen Blüten braune Samenkapseln geworden sind, kommt die Zeit der Ernte. An Regentagen oder am frühen Morgen, wenn die Pflanzen noch feucht sind vom Tau, ziehen wir den Flachs aus der Erde und breiten ihn auf dem Feld aus. Zur rechten Zeit muss er gewendet und zu Bündeln gebunden werden. So bringen wir ihn in die Scheune.

Mit einem eisernen Riffel, der so ähnlich aussieht wie ein großer Kamm, trennen wir die braunen Flachsköpfchen ab. Für die Kleider brauchen wir sie nicht. Aber werfen wir sie deshalb weg? Nein, auf keinen Fall! In den Köpfchen ruht ja der kostbare Leinsamen. Einen Teil davon nehmen wir für die Aussaat im nächsten Jahr. Den anderen Teil bringen wir in die Ölmühle, wo das goldgelbe Leinöl daraus gewonnen wird. Das Leinöl ist für uns so wichtig wie das tägliche Brot. Wie wunderbar schmecken Kartoffeln, wenn sie in Leinöl getunkt werden. Dazu ein Klecks Quark – gibt es etwas Besseres? Auch Hirseklöße mag ich mir nicht ohne Leinöl vorstellen. Salat und Gurken bereiten wir damit zu. Der Kuchen braucht ebenfalls ausreichend Öl, damit er schön saftig wird. Und wenn der Bauer alle Butter in der Stadt verkauft hat, weil er das Geld dringend braucht, dann essen wir unsere Brotschnitten eben mit Leinöl.«

Während Katka über all diese Köstlichkeiten erzählte, begann ihr Magen lautstark zu knurren. Am liebsten wäre sie sofort aufgesprungen, wäre nach Hause gerannt und hätte sich an den gedeckten Tisch gesetzt. Aber noch stand die Mittagsfrau hoch aufgerichtet und mit drohendem Blick vor ihr, also erzählte Katka weiter: »Schluss jetzt mit all den köstlichen Speisen, zurück zu den Flachsstängeln. Die müssen nun eine Woche lang gewässert werden. Dazu legen wir sie in den Bach. Ich verrate bestimmt kein Geheimnis, wenn ich erzähle, dass das eigentlich verboten ist. Es schadet nämlich den Fischen. Zum Glück kann der Dorfpolizist das nicht sehen, wenn wir ihm die Augen mit ordentlich viel Butter, Speck und anderen guten Sachen zuschmieren.

Nach dem Wässern muss der Flachs trocknen. Die getrockneten Halme werden gebrochen, weich geklopft und in den Backofen geschoben, wo sie weiter trocknen. Dann werden die Stängel gehechelt. Dabei fallen alle harten, hölzernen Teile zur Erde. Nur die langen Fasern, die übrig bleiben, können wir zu Garn verspinnen.

Schon stehen der Herbst und der Winter vor der Tür. Für uns ist das keine trübselige, düstere Zeit, denn an den langen, dunklen Abenden treffen wir uns in der Spinnstube. Ach, da geht es vergnüglich zu! Alle Mädchen bringen ihr Spinnrad mit, wir sitzen beisammen, spinnen unser Garn und haben immer etwas zu erzählen. Und wir lernen jedes Jahr neue Lieder. Die Kantorka singt sie uns vor, dann singen wir sie gemeinsam. Soll ich vielleicht …«

»Nein!«, unterbrach die Mittagsfrau das Mädchen. »Nicht singen! Erzählen!«

»Schade«, seufzte Katka. »Ich kenne so viele schöne Lieder. Na gut, weiter mit der Geschichte: Am Ende des Abends dürfen die Dorfburschen uns in der Spinte besuchen, wir tanzen mit ihnen bis zehn Uhr. Da wird es höchste Zeit, nach Hause zu gehen, mit dem Spinnrad unterm Arm und mit neuen Spindeln voller Garn.

Das fertige Garn verweben wir zu Leinenstoff. Dazu spannen wir einen Teil des Garns als Kettfäden in den Webstuhl. Und mit dem Weberschiffchen schicken wir den Schussfaden zwischen den Kettfäden hin und her, hin und her, hin und …«

»Weiter!«, befahl die Mittagsfrau barsch.

»Im Frühjahr breiten wir die neuen Stoffe auf der Wiese aus, damit die Sonne sie leuchtend weiß bleicht. Und aus diesem Stoff kann ich mir meine Blusen und Hemden nähen.«

Genau in diesem Moment schlug die Kirchturmuhr im nahen Dorf ein Uhr. Die Mittagsfrau fauchte: »Blusen nähen! Hemden nähen! Der Teufel hat dir Verstand gegeben.«

Mit diesen Worten verschwand die Mittagsfrau und wurde seither nie wieder in dieser Gegend gesehen.

Die Wut über die verlorene Mütze

In der Nähe von Vetschau lebte einst eine Witwe, die hatte eine erwachsene Tochter. Den beiden gehörte ein hübsches Bauerngut, das war so groß, dass sie es nicht allein bewirtschaften konnten. Also stellten sie einen jungen Knecht namens Handrij ein.

Der war tüchtig und packte kräftig zu, aber in stillen Momenten wunderte er sich über die beiden Frauen, die sich manchmal sehr merkwürdig verhielten. Wenn er zufällig in ihre Nähe kam, während sie miteinander tuschelten, schwiegen sie sofort und durchbohrten ihn mit unheimlichen Blicken. Vielleicht sind sie Hexen, überlegte Handrij und beschloss, sie heimlich zu beobachten. Er hatte gehört, dass Hexen alljährlich in der Walpurgisnacht, wenn der Kalender vom April in den Mai wechselt, durch die Lüfte reisen, sich auf einem Berg treffen und gemeinsam ein wildes Fest feiern.

Am Morgen vor der Walpurgisnacht sagte die Witwe zu dem jungen Knecht: »Hans, was du heute findest, das bringst du mit nach Hause.«

Handrij schluckte seinen Ärger über den falschen Namen hinunter. Konnten sich die beiden Frauen nicht endlich mal seinen richtigen Namen merken? War es Faulheit oder Bosheit, dass sie ihn so nannten wie alle Knechte, die vor ihm hier im Dienst gestanden hatten? Er fragte auch gar nicht erst, was das denn sein könnte, was er mitbringen soll.

Er zog aufs Feld, pflügte Furche um Furche, fand aber nichts, was ihm wert erschien, mit nach Hause genommen zu werden. Nur ein paar Steine legte er beiseite, notfalls würde er einen davon der Witwe überreichen.

Kurz bevor die Sonne unterging, hüpfte aus der letzten Furche eine Kröte heraus. Die war übermäßig groß und sprang auch nicht davon, als Handrij nach ihr griff. »Dich nehme ich mit. Da werden die beiden Frauen gewiss erschrecken, wenn ich dich aus der Tasche ziehe und auf den Tisch setze.«

Gesagt, getan. Doch als die Kröte dann tatsächlich auf dem Tisch saß, bemerkte Handrij, dass sich die beiden Frauen kein bisschen erschreckten oder gar ekelten. Im Gegenteil, in ihren Augen blitzte für einen Moment eine große, heimliche Freude auf. Wortlos packte die Witwe das Tier und setzte es beiseite, während die Tochter den Tisch fürs Abendessen deckte.

Alle drei saßen stumm am Tisch und schienen sich gegenseitig zu belauern. Handrij wollte zu gern wissen, was die beiden Frauen mit der Kröte anstellen würden. Aber es hatte keinen Zweck, sie danach zu fragen. Sie würden es ihm nicht auf die Nase binden. Also tat er schrecklich müde, als sei er sehr erschöpft von der Arbeit auf dem Feld. Nach dem Abendessen schleppte er sich, als hätte er überhaupt keine Kraft mehr, hinüber zur Ofenbank, legte sich hin und begann bald zu schnarchen, dass es durch die Stube schallte.

»Ich weiß nicht«, sprach die Tochter zur Mutter, »ob er wirklich schläft. Wir wollen ihn mit Nadeln stechen und sehen, was geschieht.«

Die beiden schlichen sich an den Knecht heran und stachen ihn in Arme und Beine. Er aber rührte sich nicht. Sie stachen noch einmal. Da zuckte und schnaufte er kurz, als hätte ihn im Traum eine Mücke gestochen. Doch sogleich verfiel er wieder in sein gleichmäßiges Schnarchen.

»Er schläft«, meinte die Bäuerin. Sie nahm die Kröte, warf sie in einen Topf und schmorte sie drei Stunden lang. Handrij war kurz davor, tatsächlich einzuschlafen, als die Mutter zur Tochter sagte: »So, geschafft. Stell die Besen bereit.«

Durch schmale Augenschlitze beobachtete Handrij, wie sich die beiden Frauen mit dem Krötenfett einrieben. Als sie damit fertig waren, setzten sie sich rittlings auf ihre Besen und murmelten beschwörend: »Fahre aus, fahre ein, stoß nirgends darein.« Schon erhoben sich die Besen in die Luft und sausten durch den Schornstein hinaus.

»Ha, das will ich auch einmal probieren«, sprach Handrij zu sich selbst und schmierte sich mit dem Rest des Krötenfetts ein. In der Kammer fand er einen alten Besen, der zwar kaum noch zum Kehren taugte, aber hoffentlich zum Fliegen. Handrij stieg auf und versuchte, sich an die Worte zu erinnern, die Mutter und Tochter vorhin gemurmelt hatten. Aber er musste da wohl etwas falsch verstanden oder verwechselt haben. Der Besen schoss in die Höhe, stieß überall an und hätte beim Ausfahren beinahe den Schornstein eingerissen.

Wie sauste und brauste der kalte Nachtwind Handrij um die Ohren! Wie jagte der Besen dicht über hohe Baumwipfel hinweg, dass dem armen Kerl angst und bange wurde. Bis der Flug endlich langsamer wurde und der Besen sich einem großen Platz näherte. Von dort klang Handrij schon eine schauerliche Musik entgegen, zu der unzählige Hexen tanzten.

Die Witwe und ihre Tochter entdeckten ihren Knecht und nahmen ihn in ihre Mitte. Sie forderten ihn auf, den Mund zu halten und mit ihnen zu tanzen, sonst könnte es ihm schlecht ergehen.

Als die Geisterstunde zu Ende war, stiegen alle Hexen auf ihre Besen, Butterfässer oder Heugabeln. Der Besen, den Handrij benutzt hatte, taugte aber nicht mehr für den Heimflug. Er war bei der holprigen Landung zerbrochen. Da stand wie aus dem Nichts ein Ziegenbock vor Handrij, ein seltsames Tier mit einem teuflischen Grinsen im Gesicht.

»Steig auf«, befahl die Witwe. »Er wird dich nach Hause bringen. Aber hüte dich, unterwegs zu fluchen, wenn dir dein Leben lieb ist.«

Kaum saß Handrij auf dem Ziegenbock, nahm der vier Schritte Anlauf, stieg in den Himmel hinauf und sauste durch die Lüfte. Unterwegs flogen sie über einen breiten Wassergraben hinweg. Genau in diesem Moment riss ein heftiger Windstoß Handrij die Mütze vom Kopf. Ärgerlich rief er: »Schockschwerenot, das war meine beste Mütze!«

Der Ziegenbock stieß ein höllisch meckerndes Lachen aus, ruckte einmal kräftig und ließ Handrij ins Wasser fallen. Der konnte sich nur mit einiger Mühe aus dem kalten Wasser retten und stolperte, vor Kälte schlotternd, durch die düstere Nacht.

Zu den beiden Hexen kehrte er aber nicht mehr zurück. Sollten die sich doch einen anderen Hans suchen. Er wollte nie wieder so genannt werden.

Blätter, Kröten und drei goldene Taler

Seit dem frühen Morgen hatte Marija auf dem Feld nahe bei Suschow gearbeitet. Es war Abend geworden, bald würde die Sonne untergehen. Höchste Zeit, die Arbeit ruhen zu lassen und nach Hause zurückzukehren.

Unterwegs kam sie an eine Stelle, an der sich zwei Wege kreuzten. Einer führte nach Vetschau, der andere nach Stradow. Kurz davor blieb Marija wie angewurzelt stehen. Sie konnte nicht glauben, was sie da zu sehen bekam: Ein altes Mütterchen fegte das Laub zusammen, das von den Bäumen ringsum herabgefallen war. Wozu sollte das gut sein, mitten in der Natur? Und es sah fast so aus, als würde die Frau beim Fegen mit ihrem Reisigbesen tanzen. War die Alte möglicherweise eine Hexe? Marija erinnerte sich an etwas, was sie schon öfter gehört hatte: dass Kreuzwege gefürchtete Orte waren. Dämonen, ruhelose Geister, Hexen und Teufel, Werwölfe und andere schauderhafte Gestalten sollen oft an solchen Stellen erscheinen.

Marija wurde es unheimlich zumute. Schnell sprang sie hinter einen Baum. Sie wollte nicht entdeckt werden, war aber doch neugierig, was die Alte vorhatte. Ob sie sich etwa auf ihren Besen schwingen und davonfliegen würde?

Da hörte Marija, wie die Frau beim Fegen ganz leise eine Melodie summte. Ein Lied, das auch die Mädchen sangen, wenn sie im Winter in der Spinnstube beisammensaßen. Marija dachte: Wer solch ein Lied singt, kann keine Hexe sein, ganz gewiss nicht. Also fasste sie sich ein Herz, trat hinter dem Baum hervor und sprach die Frau an: »Liebes Mütterchen, es verwundert mich doch, dass Ihr hier kehrt.«

Die alte Frau blickte auf und sagte: »Wie gut, dass du mich angesprochen hast, liebes Kind. Nun muss ich nicht mehr wiederkehren und muss nie wieder kehren. Du hast mich erlöst. Zum Dank will ich dir etwas schenken. Halte einmal deine Schürze auf.«

Marija griff nach den Zipfeln ihrer Schürze und hob sie in die Höhe. Die alte Frau bückte sich und schaufelte mit beiden Händen das Laub in die Schürze. Allen Kehricht, den sie zusammengefegt hatte. »Nimm das mit nach Hause. Verwahre es gut und erzähle niemandem davon«, ermahnte sie das Mädchen.

Marija starrte auf den großen Haufen alter Blätter in ihrer Schürze. Am liebsten hätte sie den ganzen Dreck gleich wieder ausgekippt. Aber sie war sich noch immer nicht sicher, ob diese freundliche alte Frau nicht vielleicht doch eine Hexe war. Also murmelte sie nur schnell: »Danke!«, dann setzte sie ihren Weg nach Hause fort.

Nach ein paar Schritten drehte sie sich um und schaute, ob die alte Frau sie beobachtete. Doch die war spurlos verschwunden. Der Platz, an dem sie eben noch gestanden und gefegt hatte, war leer. Da öffnete Marija die Schürze und warf die Hälfte des Kehrichts weg. Weiter ging sie, nach einer Weile öffnete sie die Schürze noch einmal – und schrie laut auf. Ihre Schürze saß voller Kröten, die glubschten sie aus großen Augen an. Marija verzog angewidert das Gesicht und schüttelte heftig ihre Schürze aus, bis die Kröten davongesprungen waren.

Endlich kam sie zu Hause an. So schnell wie möglich wollte sie die Schürze ablegen, die eben noch voller Kröten gewesen war. Hastig knotete sie die Bänder auf. Und während sie die Schürze abnahm, fielen ihr drei goldene Taler vor die Füße. Die hatten sich in einer Schürzenfalte versteckt.

»Ach, hätte ich doch auf das gute Mütterchen gehört«, jammerte Marija. Eilig hob sie die Taler auf und legte sie in ein kleines Kästchen. Dann griff sie nach einer Laterne und lief dorthin zurück, wo sie den Kehricht und die Kröten aus ihrer Schürze geschüttet hatte. Doch wie sie auch suchte und suchte, nirgendwo blinkte ihr noch ein Goldstück entgegen, nicht ein einziges.

Für einen Moment war sie enttäuscht und traurig. Aber dann dachte sie an die drei goldenen Taler und fühlte sich reich beschenkt. Und weil sie nun doch auf die Worte der alten Frau hörte, verwahrte sie die Taler in dem Kästchen und gab sie nicht aus, ihr ganzes Leben lang nicht. Dennoch brachten sie ihr Glück, Marija musste niemals Not leiden.

Nur manchmal bedauerte sie, dass sie diese geheimnisvolle, unglaubliche, wundersame Geschichte niemandem erzählen durfte, nicht einmal ihren Kindern und Enkeln. Aber auch daran hielt sie sich. Denn wer weiß, was sonst mit den drei goldenen Talern oder mit Marija selbst passiert wäre.

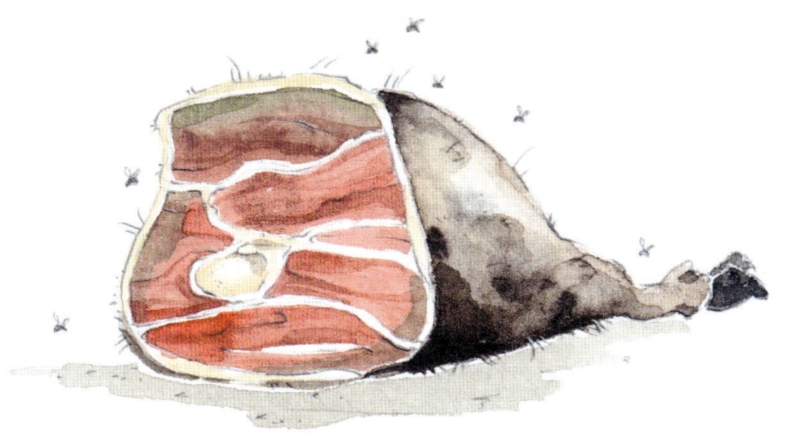

Das unheimliche Geschenk des Nachtjägers

Wenn im Frühjahr und im Herbst nachts die Stürme übers Land brausten, wenn draußen vor dem Fenster die Bäume knarrten und es schauerlich in den Wipfeln heulte, dann war es oft nicht der Sturm allein, der da tobte und lärmte. In diesen Zeiten war er wieder unterwegs: der Nachtjäger.

Kinder lernten von klein auf, dass es besser war, ihm aus dem Weg zu gehen. Seine Rufe schallten weithin durch die Gegend, dazu knallten Peitschen, es wurde gepfiffen und gejohlt, Jagdhörner erklangen. Wer diesen unheimlichen Lärm hörte, für den war es höchste Zeit, sich schnellstens unter ein schützendes Dach zu begeben. Oder sich wenigstens auf den Boden zu werfen und abzuwarten, bis der Tumult vorüber war.

Er kam nicht allein, der Nachtjäger. Er hatte ein ganzes Gefolge dabei, Pferde, Hunde, Reiter mit oder ohne Kopf, Eulen, die gespenstische Schreie ausstießen. Er selbst ritt auf einer schneeweißen Stute oder auf einem schwarzen, feurig funkelnden Ross über Felder und Wiesen. Manchmal begleitete ihn eine wunderschöne Frau, die hielt etwas in den Händen, das aussah wie der Mond.

Näherte sich der grausige Zug einem Wald, rückten die Bäume stumm beiseite oder bogen sich zu Boden, dass er ohne Mühe hindurchreiten konnte. Oder aber die ganze Meute erhob sich in die Lüfte, preschte über die Baumwipfel hinweg und jagte mit den Wolken am nächtlichen Himmel dahin.

Einmal war Bauer Jakub nachts unterwegs, von Lübben nach Hause in sein kleines Spreewalddorf. Da hörte er in der Ferne ein schauderhaftes Getöse mit Hörnerklang, Hundegebell und Gejohle. Ihn packte das kalte Entsetzen, zumal das Sturmgebraus in den Lüften rasend schnell näher kam. Und als das Kläffen und Wiehern, das Hussa und Hoho der Reiterschar direkt über ihm waren, sah er, wie aus den Nüstern der Pferde Feuerfunken durch die dunkle Nacht flogen. In seiner großen Angst fing Bauer Jakub an, mit der Meute zu pfeifen und zu johlen. Und schließlich bellte er sogar wie die Höllenhunde da oben am Himmel.

Erstaunlicherweise vertrieb das seine Angst. Dennoch war er heilfroh, als er endlich sein Dorf und sein Gehöft erreicht hatte. Gerade wollte er sich ins rettende Haus flüchten, da rief eine Stimme von oben: »Hehe, hoho, wer mit uns gejagt hat, der soll auch seinen Anteil an der Beute bekommen.« Bei diesen Worten klatschte ein schwerer Klumpen auf den Erdboden, direkt vor Jakubs Füße.

Der rief schnell einen Dank in den Himmel hinauf, das konnte wohl nicht schaden. Dann hob er auf, was der Nachtjäger ihm zugeteilt hatte. Ohne es genauer zu betrachten, legte er es in der Stube auf den Tisch, verkroch sich in sein Bett und schlief mit einem tiefen Seufzer der Erleichterung ein.

Wie wunderte er sich am nächsten Morgen, als er sich das Geschenk des Nachtjägers bei Tageslicht besah. Es war ein gewaltig großer Schinken. Aber er stank ganz fürchterlich. Schmutzig war er und mit borstigen Haaren überzogen.

»Besten Dank auch, Herr Nachtjäger«, brummelte Jakub, nahm den widerlichen Schinken und warf ihn hinterm Haus auf den Misthaufen. Doch als er zurück in die Stube kam, lag der Schinken wieder auf dem Tisch.

»Teufelsding«, murmelte er, nahm den Schinken, grub ein tiefes Loch weit weg vom Haus und schmiss den Schinken hinein. Nachdem er die Grube zugeschaufelt hatte, trampelte und stampfte er die Erde fest und packte noch einen schweren Stein darauf. Zuversichtlich betrat er die Stube. Aber dort wartete der Schinken erneut auf ihn.

»Du hast es nicht anders gewollt«, grummelte Jakub und heizte den Backofen an. Darin brutzelte nun der Schinken etliche Stunden, bis er komplett verkohlt war. Doch als Jakub in der Stube nachschaute, lag auch diesmal der Schinken auf dem Tisch, mit all seinem Borstenhaar, Dreck und Gestank.

»So geht das nicht weiter«, schimpfte die Bauersfrau. »Der Schinken muss verschwinden, sonst können wir unsere Stube nie wieder betreten.«

»Was soll ich denn machen?«, jammerte Bauer Jakub. »Ich werde dieses vermaledeite Geschenk nicht los.«

Da schlug die Bauersfrau vor: »Geh zur alten Martka. Die weiß in solchen Dingen oft einen Rat.«

Bauer Jakub gehorchte. Er klopfte bei der alten Martka an und fragte, ob sie ihm helfen könne, das unliebsame Geschenk wieder loszuwerden.

»Nichts leichter als das«, meinte die alte Frau. »Wenn der Nachtjäger das nächste Mal unterwegs ist, dann geh vor dein Haus und stell dich ihm entgegen. Pfeife und johle und belle, wie du es schon einmal getan hast. Und wenn er dich nach deinem Begehr fragt, sagst du ihm, dass du zum Schinken noch Salz brauchst. Das kann er dir nicht geben. Er kann zwar in unseren Wäldern auf Jagd gehen. Aber es steht nicht in seiner Macht, etwas so Kostbares und Heiliges wie Salz zu beschaffen.«

»Und dann?«, fragte Jakub.

»Dann wirst du sehen«, entgegnete die alte Frau.

Also stellte sich Bauer Jakub in der nächsten Nacht vor sein Haus, pfiff und johlte und bellte, was das Zeug hielt. Da hörte er auch schon, wie sich der Nachtjäger mit seiner Reiterschar näherte. »Hehe, hoho«, rief Jakub in den Himmel hinauf, »ein Säckchen Salz sollt es noch sein, erst damit schmeckt der Schinken fein.«

Da brüllte der Nachtjäger ganz fürchterlich, als hätte ihn ein schlimmer Schmerz getroffen. Er brüllte so, dass die Blätter an den Bäumen ringsum erzitterten und die Fische im nahen Fließ vor Schreck hin und her schwammen, als müsste gleich die Welt untergehen und sie wüssten nicht, wohin mit sich.

Augenblicke später war der Spuk vorbei, die Nacht mit all ihren Sternen lag still über der friedlichen Landschaft. Bauer Jakub kehrte in sein Haus und in seine Stube zurück, die nun endlich von dem widerlichen Schinken befreit war.

Warum die Schirrleute verschwunden sind

In früheren Zeiten konnte man in der Nähe einiger Spreewald-Dörfer die Schirrleute sehen, eine Art wilder Menschen. Sie waren ihrer zwei, der Schirrmann und die Schirrawa. Die beiden lebten in der freien Natur, aber niemand wusste, wo ihr Zuhause wirklich war. Ein Haus oder wenigstens eine Hütte, worin sie hätten wohnen können, besaßen sie nicht. Sie besaßen auch keine Kleider. Dennoch mussten sie nicht frieren. Sie waren stark behaart, ihr ganzer Körper war von dichtem, struppigem, grauem Fell überzogen.

Auch wenn sie gefährlich aussahen, musste man sich vor ihnen nicht fürchten. Sie taten niemandem etwas zuleide. In die Dörfer und zu den Menschen kamen sie nur selten. Wenn aber die Bauersfrauen etwas Gutes kochten, lockte der köstliche Duft die Schirrleute an. Dann bettelten sie, naschten vom Essen und gingen wieder ihrer Wege.

In der Nähe von Sassleben tauchten die Schirrleute auch gelegentlich auf, einige Dorfjungen waren ihnen begegnet. Wenn die Jungen abends die Pferde auf der Weide hüteten, zündeten sie ein großes Feuer an, um sich daran zu wärmen. Außerdem hielten die prasselnden Flammen wilde Tiere auf Abstand. Doch die Schirrawa schreckte das Feuer nicht, im Gegenteil. Sie stand eines Abends am Rand der Weide, starrte abwechselnd auf das Feuer und auf die Jungen. Die Jungen ihrerseits starrten zurück, neugierig und auch ein bisschen ängstlich. So ein seltsam haariges Wesen, das doch einem Menschen ähnelte, hatten sie noch nie zuvor gesehen.

Nachdem die Schirrawa eine Weile stumm dagestanden hatte, kam sie Schritt für Schritt näher, ohne ein Wort zu sagen, und legte sich neben das Feuer. Kaum lag sie da, war sie auch schon eingeschlafen, mit einem glücklichen Lächeln im Gesicht.

Die Hütejungen schauten einander verwundert an. Da dieses Wesen wohl nichts Böses im Schilde führte, sondern sich nur wärmen wollte, ließen sie die wilde Frau in Ruhe schlafen. Auch am nächsten und übernächsten Abend kam die Schirrawa, legte sich in der Nähe des Feuers nieder und schlief. Und niemand störte sich daran.

Bis auf einen, Danilo. Irgendwie war ihm dieses fremde Wesen nicht ganz geheuer. Irgendetwas verlockte ihn, der Frau einen Streich zu spielen. Während er in die lodernden Flammen schaute, sprang ein teuflischer Funke in die dunkelste Ecke seines Herzens und entzündete dort ein boshaftes Flämmchen. Winzig klein erst, aber es wuchs schnell zu einer hinterhältigen Idee: Er würde der Schirrawa das Fell anbrennen.

Doch als er den anderen Hütejungen diese Idee verkündete, waren alle entsetzt. Warum wollte er ein Wesen, das ihm nichts getan hatte, quälen und verletzen, vielleicht sogar töten?

»Das ist unsere Weide, ist unser Feuer«, ereiferte sich Danilo. »Dieses Scheusal gehört nicht hierher. Die Alte hat nicht mal bitte gesagt, hat sich einfach hier hingelegt. Sie soll verschwinden. Dorthin, wo sie hergekommen ist.«

Eine ganze Weile versuchten die anderen Jungen, Danilo von seinem üblen Plan abzubringen. Aber Danilo war wie besessen von seiner Idee und schrie: »Verschwindet doch, wenn ihr zu feige seid. Die Pferde zu hüten, das schaffe ich auch allein. Und das andere auch. Dann mache ich es eben ohne euch. So habe ich auch den Spaß für mich allein.«

Ein letztes Mal versuchten die anderen Jungen, Danilo begreiflich zu machen, dass solch ein schändliches Vorhaben kein Spaß war. Doch sie stießen bei ihm auf taube Ohren. Sie würden ihn nicht mehr umstimmen oder aufhalten können. Und weil sie mit dieser schrecklichen Sache nichts zu tun haben wollten, verzogen sie sich kleinlaut nach Hause.

Kaum war Danilo allein mit der Schirrawa, nahm er ein brennendes Stück Holz, schlich zu der Schlafenden hinüber und hielt die Flamme an ihr Fell, das sofort lichterloh brannte.

»Schirrmann, Schirrmann!«, schrie die Frau mit ängstlich schriller Stimme.

Danilo sprang auf, schwang sich auf eins der Pferde und preschte davon, dem Dorf entgegen. Der Schirrmann eilte herbei, schwang sich ebenfalls auf ein Pferd und jagte Danilo hinterher. Immer dichter schloss er auf.

Da verlor Danilo im wilden Galopp seinen Hut. Als der Schirrmann das sah, sprang er vom Pferd, schnappte sich den Hut und zerriss ihn in tausend Fetzen. Damit hatte er jedoch so viel Zeit verloren, dass er den Jungen nicht mehr einholen konnte. Hätte er ihn erwischt, hätte er ihn ebenso zerfetzt wie den Hut.

Danilo kam mit dem Schrecken davon. Der Schirrmann und die Schirrawa aber waren seit dieser Zeit für immer aus der Gegend verschwunden.

Die Hütejungen und das Zauberbuch

In einem Dorf zwischen Calau und Vetschau lebte einmal ein alter Mann namens Petrick, der besaß ein Zauberbuch. Wann immer er wollte, konnte er mithilfe dieses Buches allerlei Hokuspokus veranstalten. So konnte er auch die verschiedensten Tiere herbeirufen. Er musste nur die richtige Seite aufschlagen und die passenden Beschwörungen vorlesen, schon kamen beispielsweise alle Hasen aus der Umgebung angehoppelt. Das sah fast so aus, als wäre eine große Herde Schafe auf der Weide, um dort zu grasen. Ohne Mühe packte der alte Petrick einen Hasen bei den Ohren und nahm ihn mit nach Hause. Die anderen Hasen ließ er wieder laufen.

Eines Tages jedoch war das Buch verschwunden. So sehr der alte Petrick auch suchte, so gründlich er in seinem Haus alles auf den Kopf und wieder zurück an seinen Platz stellte – er konnte das Buch nicht finden. Er grübelte und zerbrach sich den Kopf und wusste beim besten Willen nicht, wann er es zuletzt in der Hand gehalten hatte. Vielleicht auf der Weide, als er die magischen Beschwörungen vorgelesen hatte, damit der Zauberbann von den herbeigerufenen Hasen gelöst war und sie wieder in alle Himmelsrichtungen davonhoppeln konnten? Der alte Mann suchte nun die Weide gründlich ab, aber auch dort fand er das Buch nicht. Dafür stolperte tags darauf jemand anderes darüber.

Ein paar junge Burschen hatten alle Kühe aus dem Dorf auf die Weide getrieben und mussten nun aufpassen, dass ihnen keine abhandenkam. Doch nach ein paar Stunden wurde ihnen die Zeit lang. Also stromerten sie in der Gegend umher, in der Hoffnung, die Langeweile irgendwie vertreiben zu können. Da entdeckte einer von ihnen das Buch hinter einem großen Feldstein.

»He, schaut mal, was ich gefunden habe«, rief er seinen Kameraden zu. Die eilten neugierig herbei und bestaunten das Buch. So ein großes, altes, wertvolles Buch hatten sie noch nie gesehen. Jeder wollte es einmal in der Hand halten, jeder wollte darin blättern und versuchen, die sonderbaren Worte zu entziffern. Und so rissen sie es sich gegenseitig aus den Händen.

»Halt, halt, so geht das nicht«, sprach der, der das Buch gefunden hatte. »Setzt euch hin, ich lese es euch vor. Dann haben wir alle etwas davon.«

Aber damit waren seine Kameraden nicht einverstanden. Sie wollten auch in diesem wundersamen Buch blättern und daraus vorlesen.

»Wir machen es so«, schlug ein anderer vor, »jeder liest ein Stück vor und gibt das Buch dann weiter.« Damit waren nun alle einverstanden. Und nachdem sie sich mit einem raschen Blick davon überzeugt hatten, dass alle Kühe noch friedlich auf der Weide grasten, setzten sie sich im Kreis hin und schlugen das Buch erneut auf.

Der, der das Buch gefunden hatte, durfte beginnen. Es waren schwierige Wörter dabei, rätselhafte Sätze, die sehr seltsam klangen. Doch kaum hatte er die ersten Sätze mühsam entziffert, wurde der Himmel schlagartig dunkel. Von allen Seiten stürmten schwarze Wolken heran. Erschrocken blickten die Jungen auf. Der Himmel schien regelrecht zu brodeln. Woher kamen diese Wolken so plötzlich, wo doch gerade noch die Sonne geschienen hatte?

Als die Jungen genauer hinschauten, sahen sie, dass das gar keine Wolken waren, sondern ganze Schwärme von Elstern, Raben und Krähen. Mit lautem Geschrei stürzten sich die Vögel auf die Jungen herab und umkreisten sie, als wollten sie gleich mit ihren Schnäbeln auf sie einhacken.

Der Junge, der bis eben vorgelesen hatte, wollte das Buch hochreißen und es sich wie ein schützendes Dach über den Kopf halten. Doch seine Augen wanderten zurück zu den seltsamen Sätzen, von denen ein magischer Sog auszugehen schien. Er musste weiterlesen, ob er wollte oder nicht. Und so kamen jetzt auch noch unzählige Hasen angesprungen. Ungewöhnlich große Hasen, die ihre Zähne fletschten, als seien sie bedrohliche Raubtiere. Eulen flatterten mit düsteren Rufen um die Jungen herum. Immer mehr Getier kam herbei. Gräuliche Geschöpfe mit glühenden Augen, geflügelte Schlangen und dämonische Kreaturen, die alle Augenblicke ihr Aussehen veränderten.

Die Jungen saßen wie versteinert im Kreis und glaubten, ihr letztes Stündlein hätte geschlagen. Da kam vom Dorf der alte Petrick herbei, eilte auf die Jungen zu und riss sein Buch an sich.

»Zum Teufel, was habt ihr da angerichtet«, schimpfte er. »Wäre ich nicht gekommen, dann wäre es um euch geschehen. Um euch alle, ihr vorwitzigen Lausebengel!«

Nun schlug der alte Petrick das Buch auf und las daraus vor. Aber er las von hinten nach vorn. Zeile für Zeile, die er rückwärts las, verschwanden die gespenstischen Gestalten. Als nur noch die Kühe und die Jungen auf der Weide waren, klemmte sich der alte Petrick sein Zauberbuch unter den Arm und ermahnte die Jungen: »Nur wer Gefahren bannen kann, sollte es wagen, sie zu entfesseln. Hütet euch vor diesem Buch! Hütet euch! Und hütet vor allem die Kühe.«

Der alte Mann stapfte davon, zurück ins Dorf. Mit jedem Schritt, den er sich entfernte, lösten sich die Jungen allmählich aus ihrer Erstarrung. Aber ihr ganzes Leben lang vergaßen sie nicht, welch magische Macht entfesselt werden kann, wenn man ein geheimnisvolles Buch aufschlägt.

Die gefährlichen und die fleißigen Kobolde

Mit den Kobolden war das so eine Sache. Manche Menschen glaubten, das seien gefährliche, tückische, teuflische kleine Wesen. Andere Leute sahen in ihnen fleißige, liebenswerte Gesellen, die heimlich und unermüdlich bei der Arbeit im Haus halfen. Und irgendwie hatten sie alle recht.

Im und um den Koboldsee nördlich von Straupitz waren tückische Kobolde zu Hause. Sie trugen rote Mützen und rote Jacken, ihre Finger sahen aus wie winzige Mohrrüben. Nicht nur Kleinkindern konnten sie gefährlich werden, sondern auch jungen Mädchen. Wenn die nicht aufpassten, wurden sie blitzschnell ins Wasser gezogen und tauchten nie wieder auf.

Einmal sah ein Knabe, wie die Hand eines Kobolds aus dem Wasser ragte und ihm einen kunstvoll verzierten Teller entgegenstreckte. Ein schönes Geschenk für die Mutter wäre das, dachte der Knabe und wollte nach dem Teller greifen. Da packte ihn der Kobold mit der anderen Hand und zog ihn ins Wasser hinab.

Die Kobolde aus dem Koboldsee konnten ihre Gestalt ändern. So ging einmal ein Mann von Straupitz nach Neu Zauche. In der Nähe des Koboldsees fand er im Gebüsch ein mageres Küken, das aufgeregt hin und her tapste. Der Mann sprach ihm gut zu, hob es auf und nahm es mit nach Hause. Kaum war er dort angelangt, sprang ihm das Küken aus den Händen und verwandelte sich in einen Hund. Dann in ein Kalb. Dann in ein Schwein. Und am Ende wieder in ein Küken, das eilig davonlaufen wollte. Schnell griff der Mann nach dem Tierchen und trug es in die Stube. Dort riss es seinen Schnabel auf und fing an, Feuer zu speien. Da wickelte der Mann das Küken in ein rotes Tuch und trug es an die Stelle zurück, wo er es gefunden hatte. Nur so konnte er den Spuk wieder loswerden.

Einmal war ein Fuhrmann unterwegs, von der Stadt zurück in sein Dorf. Als er mit seinem Fuhrwerk durch den Wald rollte, tanzten ihm mehrere Schmetterlinge um die Nase. »He«, rief der Fuhrmann, »wie hübsch ihr seid! Einen von euch werde ich meinen Kindern mitnehmen.« Fast schien es so, als hätten die Schmetterlinge ihn verstanden, denn nun flatterten sie noch viel wilder umher. Trotzdem gelang es dem Fuhrmann, einen zu erwischen. Den setzte er in eine leere Dose. Zu Hause angekommen, dachte er aber nicht mehr an den Schmetterling.

Am nächsten Morgen ging er in den Stall, um seine Pferde zu füttern. Doch die wurden bereits von einem kleinen Männlein versorgt und gründlich gestriegelt. Alle anderen Stallarbeiten waren längst erledigt.

Der Mann eilte zu seiner Frau und erzählte ihr von dem Männlein. Er erzählte auch von den tanzenden Schmetterlingen im Wald und dass er einen davon mit nach Hause gebracht hatte. Ob der vielleicht etwas damit zu tun hatte?

»Aber ganz gewiss«, zeterte die Frau. »Da hast du uns ja was Schönes ins Haus geholt. Den Bösen höchstpersönlich! Weißt du denn nicht, dass der Kobold ein teuflisches Wesen ist? Er muss sofort verschwinden. So einen will ich nicht bei uns dulden.«

»Aber er ist doch so fleißig«, entgegnete der Mann. »Er hat längst alle Arbeit im Stall erledigt. Ich musste nicht einen Handschlag mehr tun.«

»Hilfe von einem teuflischen Wesen? Darauf verzichte ich gern«, erklärte die Frau. »Du trägst den Schmetterling dorthin zurück, wo du ihn gefunden hast. Dann sind wir ihn hoffentlich wieder los, den Kobold.«

Der Fuhrmann schaute in die Dose, in die er am Tag zuvor den Schmetterling gesteckt hatte. Da saß er noch immer. Oder schon wieder? Egal. Wenn das wirklich ein teuflisches Wesen war, musste es verschwinden, so schnell wie möglich. Also begab sich der Fuhrmann in den Wald, genau zu der Stelle, an der er den Schmetterling gefunden hatte. Er öffnete die Dose und ließ den Schmetterling davonfliegen.

Vielleicht war es doch ein Fehler, den Kobold wegzuschicken, überlegten der Fuhrmann und seine Frau kurze Zeit später. Denn nun hörten sie von etlichen Nachbarn, wie nützlich so ein kleines Wesen sein konnte. Wer einen Kobold hatte, dem ging es gut. Der kleine Kerl mit den Riesenkräften nahm den Menschen viel Arbeit ab. Er versorgte die Tiere im Stall, er half den

Mädchen und Frauen beim Spinnen und den Müllerburschen beim Mahlen. Nachts putzte er heimlich das Haus blitzblank. Vor allem die jungen Mädchen, die in den Gaststuben arbeiteten, waren dankbar für solch einen hilfreichen Geist.

Lenka, die seit einiger Zeit bei einem Gastwirt in Burg arbeitete, hatte auch davon gehört, wie gut es in anderen Gaststuben lief, wenn sich dort ein Kobold eingenistet hatte. Sie dagegen war von frühmorgens bis weit in die Nacht auf den Beinen, musste in der Küche helfen, die Gäste bewirten, das Geschirr abwaschen, ewig und ewig Gemüse putzen. Und wenn endlich der letzte Gast gegangen war, musste sie noch die Gaststube kehren, Tische und Bänke säubern, nach dem Feuer schauen. Oft genug wäre sie beinahe im Stehen eingeschlafen. Wie gern hätte sie auch jemanden, der ihr zur Hand ging.

Da fügte es sich, dass sich eines Abends ein Kaufmann im Gasthaus einquartierte, der wollte am nächsten Morgen nach Leipzig weiterreisen. Lenka hatte gehört, dass man in Leipzig an der Schwarzen Schule Zauberei lernen kann. Auch Kobolde sollte man dort erwerben können. Also bat Lenka den Kaufmann, ihr doch bitte bei seiner Rückkehr solch einen Zaubergeist mitzubringen. Sie gab ihm zwei Silbergroschen und eine kleine Schachtel mit.

Zwar wunderte sich der Kaufmann über diesen seltsamen Wunsch. Doch er versprach, sich nach einem Kobold umzuschauen. In Leipzig angekommen, hatte er aber so viel zu tun, dass er sein Versprechen vergaß. Erst auf dem Rückweg kam ihm der Wunsch des Mädchens wieder in den Sinn. Sollte er die zwei Silbergroschen einfach zurückgeben und sich eine passende Ausrede einfallen lassen? Während er darüber nachdachte, sah er auf dem Weg eine ganze Anzahl großer, schwarzer, glänzender Käfer. Flink bückte er sich, hob einen davon auf und packte ihn in die Schachtel, die Lenka ihm mitgegeben hatte. Die überreichte er wenig später Lenka und sagte: »Ein schwarzer Geselle, direkt von der Schwarzen Schule. Ob er einer von der fleißigen Sorte ist, weiß ich allerdings nicht.« Lenka freute sich, der Kaufmann aber machte sich flugs aus dem Staub.

Einige Zeit später kam jener Kaufmann wieder einmal in das Gasthaus in Burg. Ganz wohl war ihm nicht dabei. Was, wenn Lenka ihm den Schwindel mit dem Käfer verübelte? Müsste er ihr die beiden Silbergroschen nun doch noch zurückzahlen? Lenka jedoch empfing ihn freudestrahlend und erzählte: »Der kleine Gehilfe ist unglaublich fleißig. Mein Leben ist so viel angenehmer geworden. Ich danke nochmals ganz herzlich, dass Ihr mir den schwarzen Gesellen mitgebracht habt.«

Auch wenn der Kaufmann es nicht glauben konnte: Der Käfer hatte sich tatsächlich in einen Kobold verwandelt. Und der war nicht nur fleißig, sondern auch unheimlich stark.

So scheuerte er Nacht für Nacht die Tische und Bänke in der Gaststube blitzblank. Allerdings war ihm da manchmal jemand im Wege. Fremde, die auf der Durchreise hier übernachteten, lagen schnarchend auf den Bänken ringsum an den Wänden. Nun, das Schnarchen störte den Kobold nicht. Nur manchmal hielt er einem der Schnarcher für einen Moment die Nase zu, bis der sich auf die andere Seite drehte. Aber wie sollte er es schaffen, bis zum Morgen alle Bänke zu putzen? Doch der Kobold wusste sich zu helfen: Behutsam hob er die schlafenden Gäste von der Bank und legte sie auf den Fußboden. Und sobald die Bank geschrubbt war, hob er sie wieder hinauf.

Mancher Gast wachte am nächsten Morgen auf und hätte schwören können, er wäre in der Nacht durch die Gaststube geschwebt, von der Bank auf den Fußboden und zurück. Aber kaum jemand ahnte, dass er dieses sonderbare Gefühl einem kleinen, fleißigen Kobold zu verdanken hatte.

Im Reich des Wassermanns

Vor Zeiten, als die Wassermänner auf der Suche nach einer wohnlichen Gegend waren, entdeckten sie den Spreewald für sich. Diese sumpfige Landschaft war wie geschaffen für sie. Die unzähligen Flüsse, Bäche, Fließe, Rinnsale, Mühlgräben, Kanäle, Kahnfahrten, Wasserläufe, Seen, Tümpel und Teiche lockten ganze Scharen von Wasserleuten an. In der Tiefe der Gewässer errichteten sie ihre prächtigen Häuser oder kristallenen Paläste und lebten darin vergnügt mit ihren Frauen und Kindern.

Oft kamen die Wassergeister aus ihrer Unterwelt herauf, setzten sich still in die Sonne und wärmten sich. Oder sie kämmten sich die Wasserflöhe aus ihren langen Haaren. Manchmal tanzten sie ausgelassen am Ufer und vollführten wunderliche Sprünge, ehe sie wieder ins Wasser tauchten.

Wassermänner gab es in ganz unterschiedlicher Gestalt. Manche waren kleine Männlein mit krummen Beinen, struppig grünen Haaren und einem Bart, der fast bis zur Erde reichte. Sie trugen rote Jacken und rote Käppchen, ihre Frauen rote Strümpfe.Vom Leben im Wasser wuchsen einigen von ihnen sogar Schwimmhäute zwischen den Fingern und Zehen. Sie konnten aber auch ihr Aussehen verändern und sich in einen Hecht oder Karpfen, in ein Kalb, einen schwarzen Kater, eine Gans oder eine Kröte verwandeln.

Andere Wasserleute sahen den Erdenmenschen ziemlich ähnlich, mit einem einzigen Unterschied: Ihre Kleidung war am unteren Saum immer eine Handbreit feucht. Wo sie gingen und standen, tropften sie vor sich hin und hinterließen wässrige Spuren.

Viele Menschen fürchteten sich vor den Wassergeistern. War ein Kind dem Wasser zu nahe gekommen und ertrank, hieß es schnell: Der Nix hat es sich gegriffen und zu sich geholt. Immer wieder wurden die Kinder vor dem Wassermann gewarnt, dennoch geschah viel zu oft solch ein Unglück. Viele glaubten, jeder Wassermann, jede Wasserfrau hätte das Recht, jedes Jahr einen Menschen zu ertränken.

Manchmal war das schnell erledigt. Es musste nur ein Bauer, der einen Schluck Bier zu viel getrunken hatte, in einer mondlosen Nacht nach Hause torkeln und zu nahe ans Wasser geraten, schon packte ihn der Nix und zerrte ihn hinab in sein Reich. Oder die Wasserfrau legte am Ufer bunte Bänder aus und lockte damit Frauen und Kinder an. Griffen die nach den Bändern, war ihr Schicksal besiegelt.

Das ganze Jahr über lauerte die Gefahr in allen Gewässern. Besonders gefährlich aber wurde es im Frühling, wenn der Schnee schmolz und die Bäche zu reißenden Strömen anschwollen. In dieser Zeit begannen die Wassermänner, den Grund der Flüsse und Seen umzubauen. Sie wühlten und buddelten, gruben Löcher, häuften an anderen Stellen Schlick und Schlamm auf, bis am Ende kein Stein mehr dort lag, wo er noch im vergangenen Jahr gelegen hatte. Kamen dann die Kinder zum Baden und rannten dort ins Wasser, wo es im Jahr zuvor nur knöchelhoch gestanden hatte, tat sich nun unversehens ein Abgrund auf. Und schon passierte es wieder, dass ein Kind in den Fluten des Wassers versank.

Auch wenn die Wassergeister als tückische, hinterlistige Wesen gefürchtet waren – sie konnten sehr wohl auch freundlich, gutmütig und hilfsbereit sein. Armen Leuten halfen sie mit Getreide oder mit Geld aus. Oder sie freundeten sich mit den Menschen an, stiegen aus dem Wasser heraus und gingen ins Dorf, um im Wirtshaus mit den Bauern Karten zu spielen.

Gar nicht leiden konnten es die Wasserleute, wenn jemand über sie spottete oder sie gar verärgerte. Dann konnten sie sich bitter rächen.

So wollte eine Wasserfrau auf dem Markt ein Stück Fleisch kaufen. Ohne um Erlaubnis zu fragen, griff sie sich ein Stück nach ihrem Wunsch. Als der Fleischergeselle eine Portion davon abhacken wollte, hielt die Wassernixe es noch immer am anderen Ende fest. Und so hackte ihr der Bursche – versehentlich oder absichtlich – ein Stück vom Finger ab. Die Wasserfrau schrie vor Schmerz und drohte, sich bei nächster Gelegenheit zu rächen.

Einen ganzen Monat lang machte der junge Mann um jedes Gewässer einen großen Bogen, und nichts geschah ihm. Doch einmal, als es stark regnete, schoss aus einer Pfütze auf dem Hof die Hand der Nixe empor. Sie packte den Fleischergesellen und ertränkte ihn im flachen Wasser.

Nicht immer waren die Strafen der Wasserleute so drastisch. Manchmal begnügten sie sich mit ein bisschen Schabernack. Solch einen Streich musste einmal ein Bauer am eigenen Leib erfahren. Er saß gemeinsam mit seinem Nachbarn am See und angelte. Und während sie so saßen, raschelte es neben ihnen im Ufergras. Ein kleines, zerlumptes Männlein in tropfnassen, zerfetzten Kleidern trat auf sie zu und bat darum, sie mögen ihm doch bitte ein paar Stoffstückchen überlassen, damit er seine zerrissene Hose flicken könne. Der eine Bauer lachte lauthals und sagte: »Du bist also der schrecklich gefährliche Wassermann? Vor dir sollen wir uns fürchten? Nie und nimmer!« Der andere Bauer aber versprach dem Männlein, morgen ein paar Reste aus dem Nähkorb seiner Frau mitzubringen.

Am nächsten Tag bekam das Männlein die versprochenen Flicken, bedankte sich und tauchte hinab in den See. Die beiden Bauern warfen wieder ihre Angeln aus und warteten ab. Doch nun entschied der Wassermann, was sie aus dem See fischten.

Der eine, der die Flicken spendiert hatte, zog einen prächtigen Karpfen nach dem anderen aus dem Wasser. Der andere jedoch hatte ab sofort nur noch Pech: Wenn er geduldig mit seiner Angel darauf wartete, dass auch bei ihm ein Karpfen oder ein Hecht anbiss, näherte sich der Nix unter Wasser vorsichtig der Angel und zupfte daran. Der Bauer glaubte, nun endlich hätte ein Fisch angebissen. Doch wenn er die Angel herauszog, hing nur der Wurm am Haken. Oder ein toter Frosch. Oder eine alte Wasserratte. Oder ganze Büschel von Schlingpflanzen.

Zuweilen konnte man die Wasserleute sehen, wie sie mit Sack und Pack übers Land zogen. Nämlich dann, wenn ihnen ihr Teich zu klein geworden war oder wenn es andere Gründe gab, die sie aus der Gegend vertrieben. All ihr Hab und Gut hatten sie auf einen Wagen geladen und begaben sich auf die Suche nach einem anderen See oder Teich oder Fließ, wo noch ein geeignetes Wassergrundstück zu finden war.

Zum Glück gab und gibt es im Spreewald genug davon.

Der Wassermann, die Wasserfrau und ihre schönen Kinder

Die Wassermänner und Wasserfrauen lebten in ihren Wasserschlössern gemeinsam mit ihren Kindern. Sobald die Wasserkinder herangewachsen waren, hielten sie Ausschau nach einer passenden Braut oder einem Bräutigam. Dabei interessierten sie sich gar nicht so sehr für andere Nixe oder Nixenmädchen, sondern vielmehr für die jungen Leute der Menschenwelt.

Eine gute Gelegenheit, etliche Mädchen auf einmal kennenzulernen, bot sich in der Spinnstube. Dort saßen die Dorfmädchen mit ihren Spinnrädern beisammen und spannen fleißig Garn, ehe sich zu später Stunde die Dorfburschen zu ihnen gesellten. Und nicht selten war auch ein junger Wassernix dabei. Die jungen Männer, ob aus dem Dorf oder aus dem nahen Teich, trieben allerlei Scherze, neckten die Mädchen und versuchten, ihnen etwas zu stibitzen. Ein Tuch vielleicht, das sie später als Pfand gegen einen Kuss einlösen wollten. Und wenn die Mädchen ihre Spinnräder beiseitestellten und die Fiedel zum Tanz aufspielte, tanzten die jungen Wassermänner eifrig mit.

Auch wenn in der Dorfschenke die Spielleute ihre Musik erklingen ließen, wenn Dudelsack, Schalmei, kleine und große Geige zu hören waren, hielt es die jungen Nixe und Nixen nicht länger in ihren Behausungen. Sie putzten sich fein heraus, stiegen aus dem Wasser und mischten sich unter die jungen Leute aus dem Dorf. Wer sie noch nicht kannte, konnte sie dennoch an ihrem feuchten Kleidersaum erkennen. Und sie waren schön. Vor allem die Töchter des Wassermanns mit ihren langen, goldblonden Haaren und in ihren meergrünen Kleidern sahen bezaubernd aus. Wie schnell geschah es da, dass die Dorfburschen nur noch Augen hatten für die Nixenmädchen, sehr zum Ärger der Mädchen aus dem Dorf.

So war es auch um Jurij geschehen, als er zum ersten Mal ein Nixenmädchen tanzen sah. Ihr geheimnisvolles Lächeln, ihre anmutigen, fließenden Bewegungen zogen ihn augenblicklich in ihren Bann. Mit keiner anderen als mit diesem Mädchen wollte er nun tanzen. Und auch sie verliebte sich in ihn. Schade nur, dass sie kurz vor Mitternacht den Tanzsaal verlassen musste und davoneilte, um rechtzeitig in den Koboldsee zurückzukehren und ihren Vater nicht zu erzürnen.

Die Woche über lief Jurij wie im Traum durch die Gegend, er konnte an nichts anderes denken als an den nächsten Sonntag. Wie glücklich war er, dass seine Angebetete auch diesmal im Tanzsaal auftauchte und den ganzen Abend nur mit ihm tanzte. Er bat darum, sie heute nach Hause begleiten zu dürfen. Lilija, so hieß das schöne Mädchen, war einverstanden. Am Ufer des Koboldsees angekommen, verabschiedeten sich die beiden schweren Herzens voneinander, versprachen aber, den nächsten Sonntag erneut gemeinsam zu verbringen.

So ging das eine Weile, die Zuneigung der beiden wuchs. Wieder einmal war ein Tanzabend zu Ende, Jurij begleitete Lilija bis ans Ufer des Sees. Die beiden standen an der Grenze zwischen seiner und ihrer Welt und wollten doch nicht voneinander lassen.

Da sprach Lilija: »Mein Vater ist heute nicht zu Hause. Wenn du mutig bist, darfst du mich begleiten.«

Jurij zögerte einen Moment. Er hatte schon etliche Geschichten gehört, wie übel es jungen Männern erging, wenn sie es wagten, die Wohnungen und Paläste der Wasserleute zu betreten. Doch schnell schob er seine Ängste beiseite und sagte: »Gern komme ich mit. Noch viel lieber würde ich für immer bei dir bleiben.«

Lilija schlug mit einer Haselrute aufs Wasser, es teilte sich und wich nach links und rechts aus. Die beiden jungen Leute stiegen einen grün bewachsenen Weg bis zum Grund des Teiches hinab. Wie staunte Jurij über das große, prächtige Kristallschloss, wie bewunderte er all die Säle, durch die Lilija ihn führte. Schließlich kamen sie zu einem Tisch, der mit köstlichen Speisen gedeckt war.

»Setz dich«, lud Lilija ihren Jurij ein. Während er tüchtig zulangte, als hätte er seit Tagen nichts zu essen bekommen, aß sie nur kleine Happen. Lieber nutzte sie die Zeit, den hübschen Jurij in aller Ruhe zu betrachten.

Da hörten sie plötzlich Schritte näher kommen.

»Schnell, versteck dich«, flüsterte Lilija. »Mein Vater! Wenn er dich sieht, wird es dir schlecht ergehen.« Flink stülpte sie einen Backtrog über Jurij, dann setzte sie sich zurück an den Tisch, als sei nichts geschehen.

Kaum hatte der Wassermann das Zimmer betreten, schnupperte er und fauchte: »Es riecht nach Menschenfleisch!«

»Ach, liebster Vater, das kann gut möglich sein. Ich habe ja den ganzen Abend mit Menschensöhnen getanzt. Und nun habe ich großen Hunger.« Lilija griff nach der Hand ihres Vaters und bat: »Nimm doch Platz und iss mit mir.«

Der Vater grummelte noch einen Moment, schaute sich suchend um, konnte aber niemanden finden. Also setzte er sich zu seiner Tochter, langte nun ebenfalls tüchtig zu und legte sich bald satt und zufrieden schlafen.

Da endlich konnte Lilija ihren Liebsten aus dem Versteck befreien. Sie führte ihn zu ihrem Bett. Und wieder staunte Jurij, der zu Hause auf einer harten Matratze aus Stroh schlief. Behutsam strich er mit der Hand über das wunderbar weiche Bett mit den seidigen Kissen. Doch kaum hatte er sich hineingelegt, war er auch schon eingeschlafen.

Als er am nächsten Morgen aufwachte, blinzelte er in blasses Tageslicht. Er lag nicht mehr in Lilijas Bett, sondern am Ufer des Teiches, inmitten einer Dornenhecke.

Waren es die Dornen gewesen, die sein Gesicht und seine Hände so zerkratzt und seine Kleider zerrissen hatten? Oder hatte der Wassermann ihn doch noch entdeckt? Hatte er ihm nur auf Lilijas Flehen hin nicht den Hals umgedreht, sondern zur Warnung nur das Gesicht zerkratzt und ihn hier abgelegt?

Jurij sehnte den nächsten Tanzabend herbei. Doch Lilija kam nicht. Es kam auch niemand sonst mit einem nassen Saum, den er nach Lilija hätte fragen können.

Wochen und Monate vergingen. Jurij hatte keinen Blick übrig für die hübschen Bauernmädchen, die um ihn warben und ihn aus seiner Traurigkeit herausholen wollten. Immer sah er nur das Gesicht seines Nixenmädchens vor sich, ihren Liebreiz, ihre Anmut.

Da kam ihm der Gedanke, dass vielleicht der Wassermann mit seiner Familie den Teich verlassen und sich andernorts angesiedelt haben könnte. Aber wo? Und wie konnte er Lilija finden und aus dem Wasser herauslocken? Während er sich an die Tanzabende mit Lilija erinnerte, hatte er plötzlich eine Idee: Er würde lernen, auf der kleinen Geige zu spielen. Denn er wusste wohl, wie sehr alle Wasserleute Musik liebten. Und wenn er eine Melodie spielte, die ihm mitten aus dem Herzen floss, würde Lilija sie hören und erkennen, wer da spielte. Ganz gewiss würde sie das!

Jurij kaufte sich eine kleine Geige und übte fleißig, ihren Saiten eine zauberschöne Musik zu entlocken. Anfangs gelang ihm das noch nicht so recht, aber bald waren er und seine kleine Geige wie eins. Was er fühlte, ließ sie erklingen.

Jurij wanderte durchs Land. Überall spielte er seine Melodien, webte sie in die Landschaft ein, hängte sie wie Girlanden von Baum zu Baum. Die Klänge seiner Geige mischten sich mit dem Rauschen der Blätter, mit dem Plätschern des Wassers in den Fließen, mit dem Gesang der Vögel, dem leichten Flügelschlag der Schmetterlinge. Fort und fort wanderte Jurij, spielte und hoffte und wartete, seiner Lilija endlich wieder zu begegnen.

Wer gute Ohren hat, kann sie vielleicht noch heute im Spreewald hören, die Melodien voller Sehnsucht nach einem schönen, geheimnisvollen Nixenmädchen.

Der Wassernix und die große Katze

Manche Mühlen waren ziemlich gespenstische Orte. Vor allem nachts. Tagsüber plätscherte und rauschte das Wasser des Mühlbachs zumeist eine schöne Melodie – mal lieblich und sanft, mal lebhaft und ungestüm. Das war Musik, wie sie den Wassermännern gefiel. Und so kam es, dass sie sich gern in der Nähe von Mühlen ansiedelten.

Doch es gab Tage, da fingen die Mühlräder an zu schreien und ein grausiges Lied zu singen. Dann wusste der Müller: Es war bald wieder so weit. Über kurz oder lang würde sich der Wassermann einen Menschen schnappen und in sein nasses Reich holen, wenn man ihm nicht schnellstens zwei Hühner opferte. Oder zwei Enten. Oder wenigstens zwei frisch gebackene Brote. Sobald die ins Wasser geworfen waren, gab sich der Wassermann zufrieden und das Mühlrad drehte sich wieder ruhig und gleichmäßig im sanften Plätschern des Mühlenfließes.

Auch in einem kleinen Dorf bei Vetschau hauste ein Wassernix im Teich bei der Mühle. Im Sommer saß er stundenlang am Rande des Mühlenfließes und lauschte der Wassermusik. Hatte er die Ohren voll davon, tauchte er wieder hinab in den Mühlenteich, hinunter in sein Haus.

Wenn es aber kalt und dunkel war, kam er in die Mühle, um sich aufzuwärmen. Oft brachte er ein paar Fische mit, die er sich in einem großen Kessel kochte. Zwar tat der Wassernix niemandem etwas zuleide und grüßte stets höflich, wenn er die Mühle betrat, dennoch waren dem Müller diese Besuche nicht geheuer. Gern hätte er den Nix für immer aus seiner Mühle vertrieben. Doch er fürchtete üble Rache, wenn er ihn sich zum Feind machte. Wäre er dann womöglich das nächste Opfer des Wassermanns, wenn die Mühlräder wieder einmal grausige Töne hören ließen?

Eines Tages jedoch sollte der Müller unverhofft Hilfe bekommen. Es wanderte nämlich ein Bärenführer durch die Dörfer und Städte. Überall war er gern gesehen, wenn er mit seinem zahmen Bären ein paar Kunststücke vorführte, für ein Stück Brot oder ein bisschen Geld in die Mütze als Lohn. Aber es war schwer, ein Nachtquartier zu finden. Niemand im Dorf wollte den großen Bären im Stall oder gar im Haus haben. Schließlich klopfte der Bärenführer beim Müller an und fragte, ob er und sein Bär eine Nacht bei ihm bleiben könnten.

Der Müller hatte nichts dagegen und sagte: »Ihr könnt hier übernachten, eine Schlafbank habe ich noch frei. Der Bär kann in der Nähe des Herdes liegen. Wir ketten ihn an, so wird er gewiss keinen Schaden anrichten.« Dankbar nahm der Bärenführer das Angebot an.

Auch in dieser Nacht kam der Wassermann in die Mühle, mit einem Netz voller Fische. Die warf er in den großen Kessel über dem Herd und legte noch ein paar Holzscheite auf, damit das Feuer kräftig prasselte. Bald schon fing der Sud im Kessel an zu brodeln, der Duft der Fischsuppe zog durch den Raum und stieg dem Bären in die Nase.

Der Bär, der einen mächtigen Appetit auf die Fische bekam, richtete sich auf und langte mit der Pfote in den Kessel.

»Weg da, du große Katze!«, schimpfte der Wassermann. »Die Fische habe ich nicht für dich gekocht.« Und während er schimpfte, schlug er mit dem Kochlöffel dem Bären kräftig auf die Pfote.

Doch dieser kleine Schlag und das Geschrei des Wassermanns störten den Bären kein bisschen. Kaum hatte er den ersten Fisch verschlungen, langte er erneut in den Kessel, um sich einen zweiten Happen zu angeln. Da wurde der Wassernix ganz wild vor Wut. Er schimpfte und fluchte und schlug mit aller Kraft auf den Bären ein. Auf die Pfoten, auf den Rücken, auf den Kopf.

Dem gutmütigen Bären wurde es nun doch zu viel. Er brummte bedrohlich und tatzte nach dem Wassermann, packte ihn, zerkratzte ihn tüchtig und wollte ihn gerade beißen. Im letzten Moment konnte sich der Wassermann aus den Pfoten des Bären herauswinden. Er jaulte noch einmal kurz auf und stürzte Hals über Kopf aus der Mühle. Draußen sprang er ins Wasser, um seine Wunden zu kühlen.

Ein ganzes Jahr lang ließ sich der Wassernix nicht in der Mühle blicken.

Dann kam er wieder einmal mit seinen Fischen und fragte den Müller: »Sag, hast du die große Katze noch, die mich so entsetzlich zerkratzt hat?«

»Ja«, entgegnete der Müller. »Und stell dir vor: Sie hat neun Junge bekommen.«

»Dann kann ich nicht länger an diesem Ort bleiben«, sagte der Wassermann, nahm seine Fische und tauchte nie wieder in der Mühle auf.

Der Knabe im Schilf

Bauer Nowka war so einer, der immer spottete, wenn er etwas über Nixen und Wassermänner zu hören bekam. Und wenn jemand felsenfest behauptete, dass in jedem Fluss, in jedem Fließ und in jedem noch so kleinen Rinnsal gefährliche Wassergeister zu Hause waren und nur darauf warteten, einen Menschen hinab in ihr nasses Reich zu holen, dann lachte Nowka und sagte: »Das glaubst du doch wohl selbst nicht! Oder hast du jemals mit eigenen Augen einen Wassermann gesehen?« In solchen Fällen bekam er zur Antwort: »Mir selbst ist noch keiner begegnet, zum Glück. Aber die Bekannte einer Nachbarin hatte eine Großmutter, die hatte der Nix schon beim Handgelenk gepackt, um sie ins Wasser zu ziehen. Nur mit knapper Not hat sie überlebt.«

»Die Großmutter der Bekannten einer Nachbarin! Na, dann muss es ja stimmen«, sprach Nowka und zog schmunzelnd seiner Wege.

Sollten doch die anderen solche Märchen glauben – er glaubte sie nicht. Noch weniger glaubte er, dass auch die Geister der Ertrunkenen aus dem Wasser herauskommen konnten und ebenfalls versuchten, unschuldige Opfer zu ertränken. Und wenn alle Nachbarn ihm abrieten, nach Sonnenuntergang in seinen Kahn zu steigen und sich aufs Wasser zu begeben, lachte er schon wieder. Er, Nowka, war ein furchtloser Mann und aus kräftigem Holz geschnitzt.

Wie oft schon hatte er abends eine Ladung frisch geerntetes Gemüse von Lübbenau nach Lübben gebracht, obwohl diese Strecke als besonders gefährlich galt. Und so brach er wieder einmal zu solch einer späten Kahnfahrt auf, allen Warnungen zum Trotz.

Ach, er liebte die Zeit der Abenddämmerung, wenn es nicht mehr richtig Tag war und noch nicht richtig Nacht. Wenn die Natur ringsum zur Ruhe kam, wenn nur noch ein leichter Wind in den Bäumen spielte und das Wasser unter seinem Kahn sanft plätscherte. Wenn die Landschaft in ein geheimnisvolles Licht getaucht war, aber noch genügend Zeit blieb, ehe sich alles in nächtliche Dunkelheit hüllte.

Nachdem Nowka ungefähr eine halbe Stunde gefahren war, erreichte er eine Stelle, die am linken Spreeufer dicht mit Schilfrohr bewachsen war. Nowka hörte es im Schilf rascheln, dachte sich aber nichts weiter dabei. Doch kaum hatte er die Stelle passiert, sah er, wie aus dem Schilf ein Knabe heraustrat und am Ufer entlanglief, genau neben dem Kahn her.

»He«, rief Nowka zu dem Jungen hinüber, »hast du geangelt? Hattest du einen guten Fang?«

Der Knabe antwortete nicht, er schritt unbeirrt weiter vorwärts, immer auf der Höhe des Kahns. Nowka versuchte es noch einmal: »Es ist schon recht spät. Hast du es noch weit bis nach Hause?«

Wieder antwortete der Knabe nicht. Nowka hatte nun keine Lust mehr, sich weitere Fragen auszudenken, mit denen er dem Jungen eine Antwort entlocken konnte. Zumal es nicht mehr weit war bis zur Krimnitzer Kahnfahrt, einem abzweigenden Wasserlauf. Dort, so dachte Nowka, werde der Knabe wohl in Richtung Krimnitz abbiegen.

Als sie aber die Stelle erreicht hatten, bog der Knabe nicht etwa ab, sondern lief über das Wasser hinweg, als hätte er festen Boden unter den Füßen. Nowka stieß einen kurzen, verwunderten Schrei aus. Da drehte der Knabe ihm den Kopf zu und starrte ihn an. Mit einem Blick, als würde er durch Nowka hindurchschauen. Dann schritt er unverdrossen weiter neben dem Kahn her.

Nowka blieb für einen Moment die Luft weg. Hatte er eben wirklich gesehen, dass dieser Knabe übers Wasser gelaufen war? Das konnte doch nur bedeuten, dass … Nein, Nowka wollte nicht einen Augenblick glauben, dass es sich um einen Geist handeln könnte. Er versuchte, die raschelnden Schritte des Knaben zu überhören, die ihm nun immer unheimlicher wurden. Stattdessen konzentrierte er sich auf seinen Kahn und auf das Wasser, das den Kahn trug, so beruhigend vertraut wie schon seit vielen Jahren. Er bemühte sich, den Kahn in der Mitte des Flusses zu halten und dem Ufer und diesem Knaben nicht zu nahe zu kommen. Denn sollte es doch der Geist eines Ertrunkenen sein – wer weiß, wie gefährlich der ihm werden konnte.

So ging die Fahrt im abendlichen Dämmerlicht voran. Nowka beobachtete aus dem Augenwinkel den Knaben. Der lief weiter neben dem Kahn her, schritt über die nächsten Wasserläufe hinweg und musste noch an einigen Stellen durch Schilfgestrüpp hindurch, sodass Nowka ihn für kurze Zeit aus den Augen verlor. Doch bald hatte er ihn erneut an seiner Seite.

Hinter Ragow kam wieder ein Uferstück, das dicht mit Schilfrohr bewachsen war. Als der Kahn an den letzten Halmen vorbeiglitt, sprangen nun zwei Knaben auf den Weg. Oder doch nur einer? Nowka kniff die Augen schmal zusammen. Hatte sich sein unheimlicher Begleiter verdoppelt? Inzwischen war es so dunkel, dass er die beiden schemenhaften Gestalten kaum unterscheiden konnte, sie glichen einander wie Zwillinge. Würden sie bald mit vereinten Geisterkräften versuchen, Nowka ins Wasser zu ziehen oder zu stürzen?

Doch plötzlich verließen die beiden Gestalten den Uferweg und bogen in Richtung Steinkirchen ab. Nowka atmete auf und setzte erleichtert seine Kahnfahrt fort. Mit den geisterhaften Knaben waren auch seine Ängste verschwunden, die ihn gerade noch mächtig geplagt hatten. Und während er nun wieder in aller Ruhe übers Wasser fuhr, überlegte er, ob ihm wohl jemand diese Geschichte glauben würde. Diese Geschichte, die er auf keinen Fall glauben könnte, wenn er sie nicht gerade selbst erlebt hätte. Wem konnte er sie erzählen, der ihn nicht dafür auslachen würde? Sollte er sie überhaupt jemandem erzählen? Oder sollte er lieber schweigen?

Nowka beschloss, gründlich darüber nachzudenken. Und weil wir ihn dabei nicht stören wollen, verlassen wir jetzt ganz leise diese unglaubliche Geschichte.

Spuk in der Mühle

Mühlen gehörten zum Dorf wie die Kirche und der Gasthof. Sie versorgten die Menschen mit Mehl oder mit dem köstlichen Leinöl. Sie waren aber auch Orte, an denen unheimliche Dinge geschahen: Merkwürdige Gestalten gingen ein und aus, gruselige Geister trieben ihr Unwesen. Nachts lärmte und polterte es oft ganz fürchterlich. Das Klirren von Fensterscheiben und Katzengeschrei ängstigten die Müller und vertrieben oft genug die Müllergesellen. Doch manchmal gelang es beherzten Müllerburschen, dem Spuk ein Ende zu bereiten. Wie unterschiedlich das vier junge Burschen anstellten, davon erzählt diese Geschichte.

Die Mühle bei Laasow wurde oft von einem Kobold besucht, er half dort beim Mahlen. Zwar hatte der Müllerbursche Janik dank des fleißigen Kobolds deutlich weniger Arbeit, aber auf Dauer war ihm dieser übereifrige Wicht nicht ganz geheuer. Er wollte ihn gern loswerden und sann auf eine Möglichkeit, ihn für immer zu vertreiben.

Als der Kobold wieder einmal in die Mühle kam, sprach Janik zu ihm: »Du bist so ein treuer und fleißiger Helfer. Zum Dank will ich dir heute etwas Gutes tun. Wie ich sehe, sind deine Fingernägel viel zu lang. Wenn du möchtest, schneide ich sie dir.« Nachdem der Kobold erfreut einwilligte, erklärte Janik weiter: »Am besten geht das, wenn du deine Finger in dieses kleine Gerät legst.« Bei diesen Worten zeigte er auf einen Schraubstock. Der Kobold schob einen Finger hinein, Janik drehte den Schraubstock fest und fester zu, dass der Kobold nicht entfliehen konnte und vor Schmerz immer lauter schrie.

»Bitte, was muss ich tun, dass du mich aus diesem Ding befreist?«, wimmerte der Kobold.

»Ich wünsche nur eins«, sagte Janik, »dass du dich nie wieder in der Mühle blicken lässt.« Als der Kobold das versprach, kam er frei und machte ab sofort einen großen Bogen um die Mühle.

In der Nähe von Cottbus gab es eine Mühle, in der kein Geselle freiwillig arbeiten wollte. Dem Müller wuchs die Arbeit über den Kopf, er hätte dringend jemanden gebraucht, der ihm zur Hand ging. Aber es hatte sich herumgesprochen, dass es in seiner Mühle spukte. Keiner der jungen Männer, die sich hier verdingten, überlebte die erste Nacht. Sie alle lagen am nächsten Morgen tot im Bett, als hätte jemand ihnen den Hals umgedreht.

Eines Tages stand ein junger Mann namens Kito vor der Mühle und fragte, ob seine Arbeit hier willkommen sei.

»Ach, willkommen wäre sie wohl«, sagte der Müller. »Aber weißt du denn nicht, dass es allen anderen Burschen, die hier arbeiten wollten, schlecht ergangen ist? Ich mag mir gar nicht vorstellen, dass auch du morgen früh tot im Bett liegst. Zieh deiner Wege und versuche dein Glück woanders. Hier wirst du es nicht finden.«

Kito ließ sich davon nicht abschrecken. Er sagte, er fürchte sich nicht und wolle schon zusehen, dass er heil und lebendig über die Nacht käme. Sogleich legte er das Bündel mit seinen paar Habseligkeiten auf die Küchenbank, krempelte die Ärmel hoch und machte sich an die Arbeit.

Abends setzte er sich an den Tisch, streckte die Beine aus und begann, ein paar Nüsse zu knacken. Die hatte er unterwegs gesammelt und ließ sie sich nun schmecken. Während er so dasaß, öffnete sich hinter ihm ganz leise die Tür. Herein kam der Teufel und setzte sich neben Kito. Der jedoch ließ sich nicht stören, sondern knackte seelenruhig weiter Nüsse.

Da bekam der Teufel einen mächtigen Appetit auf Nüsse. Und weil ihm das Wasser im Maul zusammenlief, bat er den Müllergesellen, ihm doch auch eine Nuss zu geben. Kito griff in seine Jackentasche und steckte dem Teufel einen Stein ins Maul. Wie der Teufel auch kaute und kaute, es gelang ihm nicht, den Stein zu zerbeißen. Verwundert fragte er Kito: »Wie geht das zu, dass du die harten Nüsse kauen kannst, und mir will es nicht gelingen?«

»Das liegt ganz einfach daran, dass ich spitzere Zähne habe als du«, erklärte Kito. »Aber sei deswegen nicht traurig. Wenn du willst, feile ich dir deine Zähne spitz. Dann kannst du Nüsse knacken so gut wie ich.«

Der Teufel war einverstanden. Da packte Kito ihn bei den Hörnern, spannte den Kopf in eine Hobelbank und schraubte so fest zu, dass dem Teufel sämtliche Schädelknochen knirschten und er erbärmlich zu wimmern begann.

»Schluss mit dem Gejammer! Und den Mund schön weit auf!«, befahl Kito. Er feilte an den Zähnen des Teufels herum, dass der noch lauter heulte und stöhnte. Doch das nützte ihm gar nichts, Kito feilte unbeirrt weiter. Da versprach der Teufel mit weinerlicher Stimme, die Mühle nie wieder zu betreten.

»Na bitte, warum nicht gleich so«, spottete Kito, befreite den Teufel aus seiner misslichen Lage und jagte ihn für immer zur Tür hinaus.

Noch anders erging es dem Müllergesellen Matij. Er war im Spreewald unterwegs auf der Suche nach Arbeit und stand eines Tages vor der Lübbenauer Stadtmühle. Hier gefiel es ihm, hier würde er gern bleiben. Frohen Mutes klopfte er an.

Doch kaum hatte er sich dem Müller vorgestellt, hob der bedauernd die Hände. »Junger Mann«, sagte er, »ich könnte wohl einen tüchtigen Burschen brauchen, mich drückt und zwickt das Alter schon beträchtlich, dass ich die Arbeit kaum schaffe. Aber es wäre schade um dich. Such dir lieber andernorts Arbeit.«

»Schade um mich? Wie meint Ihr das?«, fragte Matij verwundert.

»Was soll ich sagen?«, stammelte der Müller. »In meiner Mühle spukt es. In den letzten Jahren haben immer wieder junge Burschen wie du bei mir angeklopft. Aber sie alle haben die erste Nacht in der Mühle nicht überlebt. Am Abend saßen wir noch beisammen, die Burschen frisch und in der Blüte ihres Lebens. Doch am nächsten Morgen waren sie tot. Sie lagen in ihrem Bett, starr und entsetzlich zerkratzt. Es wäre wirklich schade um dich. Mein Gewissen ist ohnehin schon schwer belastet, wenn ich daran denke, wie viele junge Männer ausgerechnet in meiner Mühle aus dem Leben gerissen wurden. Noch jemanden in den sicheren Tod zu schicken, das bringe ich nicht übers Herz.«

»Macht Euch um mich keine Sorgen«, sprach Matij mit fester Stimme. »Mag es ein Spuk sein oder was auch immer – ich lasse mich nicht so schnell erschrecken.«

Nach einem guten, reichlichen Abendessen zeigte der Müller Matij die kleine Schlafkammer, wünschte eine gute Nacht und schlurfte mit sorgenvoller Miene davon. Matij streckte sich im Bett aus und dachte: »So gut habe ich schon lange nicht mehr zu Abend gegessen. Und das sollte das letzte Mal gewesen sein? Nie und nimmer.« Er legte sein kleines Handbeil griffbereit neben sich und schlief bald ein.

Es mochte um Mitternacht gewesen sein, als er aus dem Schlaf hochschreckte, aufgeweckt von einem wilden Geschrei direkt neben seinem Bett. Matij setzte sich auf, rieb sich kurz die Augen und erkannte im Licht des Mondes, wer da so schrie: sieben schneeweiße Gänse. Sie schlugen heftig mit den Flügeln, dass Matij die Haare um den Kopf wedelten. Immer näher rückte die Gänseschar an das schmale Bett heran. Schon pickten und zwickten einige Gänse Matij mit ihren Schnäbeln, hackten nach ihm, hieben auf sein Gesicht ein. Matij riss schützend die Arme vors Gesicht, doch das half nur einen Moment. Nun trafen ihn die Hiebe der Schnäbel überall am Körper.

Zum Glück fiel Matij die Axt ein. Rasch griff er danach und schlug um sich. Eine der Gänse stieß einen schrillen, schmerzerfüllten Ton aus. Matij hatte sie am Flügel getroffen. Doch sogleich verstummten die anderen Gänse und flogen durch das Fenster davon. Nur die letzte Gans hatte ziemliche Mühe, mit ihrem gebrochenen Flügel flatterte sie hilflos ins Mondlicht hinaus.

Erleichtert ließ sich Matij ins Bett sinken und schlief die ganze Nacht ohne weitere Störung.

Wie freute sich der Müller am nächsten Morgen, dass der junge Müllerbursche die Nacht so gut überstanden hatte, mit nur einer kleinen Wunde an der Stirn. Er ließ sich haarklein erzählen, was in der Nacht passiert war. Wenige Stunden später hörten sie, dass sich die Frau des Apothekers mitten in der Nacht ganz sonderbar den Arm gebrochen hatte, obwohl sie angeblich die ganze Zeit im Bett lag.

Da ahnten der Müller und sein neuer Geselle, dass die Apothekersfrau eine Hexe war. Doch wer waren die sechs anderen Gänse? Das wussten nur die Hexen allein. Sie verrieten es aber niemandem und sind seither auch nie wieder in der Mühle aufgetaucht.

Es war nicht ungefährlich, Kobolde, Teufel oder Hexen aus den Mühlen zu vertreiben. Aber manchmal gelang es, den Spuk auf ganz einfache Weise loszuwerden.

Auch in der Buschmühle bei Burg spukte es. Niemand wusste, wer oder was den nächtlichen Tumult veranstaltete. Kein Müllergeselle wollte freiwillig dort bleiben. Bis Franek auftauchte, der ein verwegener Bursche war. Er nahm ein Stück Leinenstoff und nähte daraus einen Sack. Allerdings stach er die Nadel immer verkehrtherum in den Stoff. Also nicht von rechts nach links und zu sich hin, sondern von links nach rechts und von sich weg. Dann griff er sich einen Reisigbesen und fegte die Mühle von oben bis unten sauber. Er kehrte in allen Ecken und Winkeln, vergaß auch Stall und Scheune nicht.

So kam ein beachtlicher Haufen Kehricht zusammen. Den schaufelte Franek in den Sack. Und als kein Krümelchen Unrat mehr zu finden war, schnürte er den Sack fest zu, lud ihn sich auf den Rücken und trug ihn zu einem Teich ganz in der Nähe. Dort hinein warf er den Sack mit allem, was darin steckte.

Seither blieb die Mühle von allem nächtlichen Grusel verschont. Dafür spukte und gespensterte es nun in dem Teich. Aber das störte zum Glück niemanden.

Das Märchen vom reichen Müller

Es war einmal ein Bauer, der war arm, wie viele andere Bauern auch. Er wohnte mit seiner Frau und seinen Kindern in einem windschiefen Häuschen. Sie ernährten sich mehr schlecht als recht von dem, was auf ihrem kleinen Acker wuchs. Doch der war nicht größer als drei schmale Beete. Im Stall standen keine prächtigen Kühe, die reichlich Milch geben konnten, sondern nur zwei magere Ziegen. Wollte der Bauer seinen Acker umpflügen, spannte er notgedrungen die Ziegen vor den Pflug, auch wenn der viel zu schwer war für die beiden schwachen Tiere. Aber Geld, um sich wenigstens einen starken Ochsen kaufen zu können, besaß der Bauer nicht.

An einem gewöhnlichen Samstag brachte er zwei Hunde mit nach Hause, die hatte er für ein kleines Geld erworben. Die Bäuerin schlug die Hände über dem Kopf zusammen und schimpfte: »Bist du närrisch geworden? Wir können kaum selbst satt werden! Wie wollen wir denn da noch die Hunde durchfüttern?«

Der Bauer entgegnete seelenruhig: »Schimpf nicht. Gib mir lieber ein Stück Kuchen, dann wirst du staunen.«

Die Bäuerin grollte. Der Kuchen sollte eigentlich erst am Sonntag auf den Tisch kommen. Dennoch schnitt sie ein Stück davon ab.

Inzwischen hatte der Bauer die Hunde vor den Pflug gespannt, und nun spannte er vor die Hunde auch noch die Ziegen ins Joch. Den Kuchen legte er mitten auf das Joch.

Den Hunden stieg der Duft des Kuchens in die Nasen. Der verlockende Happen lag direkt vor ihnen, nur ein kleines Stück von ihren Schnauzen entfernt. Gleich sprangen sie los, um sich den Kuchen zu schnappen. Was natürlich vergebliche Mühe war. Weil sie es aber immer wieder versuchten, sprangen sie schneller und schneller vorwärts. Die Ziegen, die schreckliche Angst vor den Hunden hatten, rannten ebenfalls los. Und so zogen die vier Tiere mit vereinten Kräften tiefe Furchen in das Feld.

Nach einer Weile blieb der Pflug stecken. »Nanu«, überlegte der Bauer, »ein großer Stein? Der muss beiseite, sonst bleibt der Pflug immer wieder hier stecken.« Sogleich buddelte er das Erdreich auf. Aber da war kein Stein. Da lagen, nachdem er genügend Erde beiseite geschaufelt hatte, zwei große Eier in der Grube. Sehr große, sehr seltsame Eier. Solche hatte der Bauer noch nie gesehen. Sie waren eigenartig gescheckt, mit großen, braunen Flecken auf hellem Grund.

Kopfschüttelnd hob der Bauer die Eier heraus und legte sie an den Feldrand. Am Abend nahm er sie mit nach Hause und sprach zu seiner Frau: »Hier, setz dich drauf. Du sollst sie ausbrüten. Wer weiß, was daraus schlüpfen wird.« Die Frau schüttelte kurz den Kopf über diese verrückte Idee, folgte dann aber der Anweisung ihres Mannes.

Drei Tage und drei Nächte saß sie auf den Eiern, ihr Mann musste sie zwischendurch mit Essen versorgen. Dann endlich sprangen die Eierschalen auf, heraus schlüpften zwei Kühe. Und das waren wirklich ganz wunderbare Kühe, sie gaben Milch im Überfluss. Fortan hatte die Familie keinen Mangel mehr an Milch, Quark und Butter. Ja, es wurde immer mehr Butter. So viel, dass der Bauer und die Bäuerin am Ende gar nicht mehr wussten, wohin damit.

»Schichte sie doch zu einem Schober auf«, meinte die Frau. »Dann haben wir nicht nur einen Heuschober, sondern auch einen Butterschober. Und somit Vorrat für lange Zeit.«

Gleich machte sich der Mann an die Arbeit, baute aus Holzlatten ein Schobergestell und setzte Stück für Stück die Butter darauf.

Als es Frühling wurde und die Sonne warm schien, fing die Butter an zu schmelzen. Sie tröpfelte und tropfte, floss und strömte vom Schober herab, immer mehr und immer schneller. Die viele Butter, die davonfloss, grub zunächst ein kleines Rinnsal ins Erdreich, aus dem bald ein großer Butterfluss wurde.

Am Ufer des Flusses errichtete der Bauer eine Mühle. Nun war er kein armer Bauer mehr, sondern ein Müller, der sein ganzes Leben lang keine Not mehr leiden musste.

Ulrich Völkel / Katrin Kadelke:
Zwei Riesen im Sund,
Ribnitz-Damgarten 2020
ISBN 978-3-944102-47-4

Ulrich Völkel / Katrin Kadelke:
Der Zorn des Gottes Swantewit,
Ribnitz-Damgarten 2022
ISBN 978-3-944102-44-3

Ulrich Völkel / Katrin Kadelke:
Der Untergang Vinetas,
Ribnitz-Damgarten 2023
ISBN 978-3-944102-42-9

Ingrid Annel / Katrin Kadelke:
Die Schwarze Greet,
Ribnitz-Damgarten 2024
ISBN 978-3-944102-64-1

Autorin

Ingrid Annel hat nach dem Studium (Physik, Mathematik, Germanistik und Kunsterziehung) als Bauarbeiterin, Buchhändlerin, Dramaturgin, Lektorin, Musiklehrerin und Bücherclown gearbeitet. Heute lebt sie als Autorin in Erfurt. Sie hat zahlreiche Bücher für Kinder, Jugendliche und Erwachsene geschrieben, auf Lesereisen liest sie mit Vergnügen daraus vor. Ihre besondere Vorliebe gilt Märchen und Sagen, die sie mit viel Sprachgefühl für heutiges Publikum neu erzählt. Spannend findet sie, einigen Sagenmotiven in weit voneinander entfernten Regionen Deutschlands zu begegnen – in jeweils lokaler Ausprägung.

Illustratorin

Katrin Kadelke, ein geborener Fischkopf (1979 in Güstrow), wuchs bei den Löffelschnitzern (in Suhl) und Puffbohnen (in Erfurt) auf. Seit 2010 lebt und arbeitet sie in Neuseeland. Von der Nordinsel aus illustriert sie u. a. Kinderbücher, Gedichtbände, bebildert Touristisches, Grußkarten, Kalender und Verpackungen. Ihre heiteren und farbenfrohen Darstellungen wurden vor allem durch ihre illustrativen Arbeiten für den Erfurter Kabarettisten und Autor Ulf Annel bekannt.

Impressum

An der Bäderstraße 7c, 18311 Ribnitz-Damgarten

Tel.: 03821 / 425514-0, Fax: 03821 / 425514-2

www.demmlerverlag.de

Layout & Satz: Katrin Kadelke

Umschlaggestaltung & Illustration: Katrin Kadelke

Druck: PrintBest, Viljandi, Estland

1. Auflage 2024

ISBN 978-3-944102-65-8